Patrick Hofmann

Der kritische Faktor Mensch

Analyse und Würdigung
einer Human-FMEA im Bereich des
Qualitätsmanagements im Rahmen der
Erstellung eines Maßnahmenkataloges zur
Fehlerprävention

Hofmann, Patrick: Der kritische Faktor Mensch: Analyse und Würdigung einer Human-FMEA im Bereich des Qualitätsmanagements im Rahmen der Erstellung eines Maßnahmenkataloges zur Fehlerprävention, Hamburg, Igel Verlag RWS 2015

Buch-ISBN: 978-3-95485-291-8
PDF-eBook-ISBN: 978-3-95485-791-3
Druck/Herstellung: Igel Verlag RWS, Hamburg, 2015

Bibliografische Information der Deutschen Nationalbibliothek:
Die Deutsche Nationalbibliothek verzeichnet diese Publikation in der Deutschen Nationalbibliografie; detaillierte bibliografische Daten sind im Internet über http://dnb.d-nb.de abrufbar.

© Igel Verlag RWS, Imprint der Diplomica Verlag GmbH
Hermannstal 119k, 22119 Hamburg
http://www.diplomica.de, Hamburg 2015
Printed in Germany

Inhaltsverzeichnis

Abkürzungsverzeichnis

A	Auftrittswahrscheinlichkeit o. Auftretenswahrscheinlichke t
AU	Ausführung
B	Bedeutung
D	Dauer
DGQ	Deutsche Gesellschaft für Qualität
DIN EN ISO	Deutsches Institut für Normung; Europäische Norm; International Organization for Standardization
E	Entdeckungswahrscheinlichkeit
EDV	Elektronische Datenverarbeitung
FMEA	Fehlermöglichkeits- und Einflussanalyse
FTA	Fault Tree Analysis
GmbH	Gesellschaft mit beschränkter Haftung
H	Häufigkeit
HEP	Human Error Probability
H-FMEA	menschliche Fehlermöglichkeits- und Einflussanalyse
HPZ	Handlungsprioritätszahl
HU-A	Handlungsfehler–Ursachenanalyse
KO	Kontrolle
NASA	National Aeronautics and Space Administration
PF	Produktfehler
PF–A	Produktfehleranalyse
PF–EB	Produktfehler–Erfassungsbogen
PF– VA	Produktfehler–Verkettungsanalyse
ProdHaftG	Produkthaftungsgesetz
QS	Qualität und Sicherheit
R	Reliability (Zuverlässigkeit)
RAV4	Fahrzeugtyp des Automobilherstellers Toyota

RPZ	Risikoprioritätszahl
T_i	Zeitrangwert
TOTE	Test-Operate-Test-Exit
URL	Uniform Resource Locator
VDA	Verband der Automobilindustrie
VO	Vorbereitung
V/T	Verantwortung/Termin
VVR	Vergleichs-Veränderungs-Rückkopplungs-Einheit

Abbildungs- und Tabellenverzeichnis

1 Einleitung

In der heutigen Wirtschaft ist es für Kunden selbstverständlich, dass Unternehmen ihre Produktfehlerquote minimieren und ein Höchstmaß an Qualität gewährleisten. Ein Großteil der Unternehmen sieht den einzigen Ausweg der Fehlerbeseitigung in kostenintensiven technischen Investitionen. Unter diesem Gesichtspunkt kommt die konventionelle FMEA zur Anwendung. Andere Organisationen initiieren Qualitätszirkel oder integrieren japanische Verbesserungsmethoden, wie z. B. Poka Yoke, in den Arbeitsprozess. Hintergründe für die Fehlerentstehung können u.a. ergonomische, organisatorische und/oder personelle Ursachen sein. Die durch den Faktor Mensch begangenen Fehler erlangen zunehmend an Bedeutung. Ebenso können Schwachstellen an fehlerhaften Konzept-, Plan- und Denkweisen liegen, sodass theoretisch alle betrieblichen Fehler auf menschlicher Basis beruhen könnten. Programmiert beispielsweise ein Mensch eine Maschine, so kann bei einer Störung die unzureichende Programmierung zu Grunde gelegt werden. Dem Menschen sind vielerlei technische Errungenschaften zu verdanken, jedoch kann er zugleich der Ursprung jeglicher Fehlhandlungen sein.

Ein renommierter Indikator zur Risiko- und Qualitätsevaluation, der sowohl menschliche Handlungsfehler, als auch die fehlerempfänglichen Umstände analysiert, ist die **Human-FMEA**. Die Wurzeln dieses Qualitätssystems sind auf die Forschungen in den 90er Jahren, am Institut für Arbeitswissenschaft der Universität Kassel, zurückzuführen. Als wissenschaftlicher Forschungsleiter fungierte Professor Ekkehart Frieling.[1] Das Bundesministerium für Bildung, Wissenschaft, Forschung und Technologie begünstigte den Weiterentwicklungsprozess der Methodik.[2]

Eine Kombination aus Qualitätsmanagement, Fehlermanagement und Arbeitswissenschaft bildet eine optimale Grundlage zur Identifikation von Schwachstellen in Arbeitsprozessen. Die Bereitstellung einer hohen Qualität, eines durch eine unternehmerische Einheit produzierten Gutes, lässt sich nur bewerkstelligen, indem der Mensch als autonomer Ursprung von Fehlern berücksichtigt wird.

---

[1] Vgl. Qualitätsmanager Aktuell Online (Hrsg.) (06/2009): Der menschliche Faktor.
[2] Vgl. Quality Engineering (Hrsg.) (01.09.2000): Fehlervermeidung mit System.

1.1 Problemstellung und Zielsetzung

Die absolute Kundenzufriedenheit ist das zentrale Element der heutigen Kundenbindung. Ein zufriedener Kunde tätigt Wieder- und Zusatzkäufe und sorgt damit für Umsätze.[3] Der Kundenübergang zur Konkurrenz sowie der damit einhergehende Verlust von Marktanteilen lässt sich auf unzureichende Qualität der hergestellten Produkte zurückführen. Kundenreklamationen, Produkthaftungen, Ausschusskosten und Nacharbeiten verursachen enorme finanzielle Einbußen für Unternehmen. Aus diesem Hintergrund ist es wichtig die Ursachen bzw. Fehler der Qualitätsplanung in einem frühzeitigen Stadium zu entdecken, zu reduzieren und/oder abzuschalten. Als besonders problematisch erweist sich eine Rückrufaktion von bereits durch den Kunden verwendeter Produkte, z. B. im Rahmen eines Automobilherstellers. Der Fall Toyota im ersten Quartal des Jahres 2014 hat für Aufsehen gesorgt. Der Automobilhersteller musste 6,76 Millionen Autos zurückrufen. Besonders die Modelle Yaris und RAV4 implizierten Sicherheitsrisiken in Form von fehlerhaften Sitzschienen oder Schwachstellen bei dem Befestigungspunkt der Lenksäule.[4] In der Automobilbranche kann das Wohlergehen von Personen gefährdet sein. Imageschäden, immense Kosten, das Inkrafttreten des Produkthaftungsgesetzes, sowie die Abwanderung von Kunden zur Konkurrenz, gilt es unbedingt zu vermeiden. Toyota wendete eine Sammelklage in den USA durch Zahlung von 1,2 Milliarden Dollar ab. Im Gliederungspunkt 5.2 (Poka Yoke) dieser Bachelorarbeit erfolgt die Vorstellung des vom Japaner Shigeo Shingo, im Rahmen des Toyota Production Systems, entwickelten Prinzips, welches technische Vorkehrungen zur Fehlerprävention beinhaltet.[5] Es gibt unzählige Methoden die zur Prozessoptimierung und der Analyse von technischen Risiken entwickelt werden.

Angenommen eine produzierende Maschine arbeitet nicht prozesskonform. Durch den Einsatz der konventionellen FMEA wird das Fehlerproblem, nämlich eine Verkrustung der Zahnräder, identifiziert. Das Austauschen der Zahnräder behebt das Problem und beendet somit die herkömmliche FMEA. Genau an diesem Punkt setzt die modifizierte Human-FMEA an. Sie untersucht warum die Maschine nicht ausreichend gereinigt wurde, um eine Verkrustung abzuwen-

---

[3] Vgl. Theis (2007), S. 177 ff.
[4] Vgl. Zeit Online (Hrsg.) (09.04.2014): Rückruf. Toyota muss Millionen Autos zurückrufen.
[5] Vgl. Kamiske / Brauer (2006), S. 113 ff.

den. Gab es Abstimmungsprobleme zwischen den Mitarbeitern, oder einen fehlerhaften Arbeitsplan, welcher die Reinigung der Maschine gar nicht dokumentierte?

Vor dem Hintergrund der Implementierung einer Human-FMEA ist zu konstatieren, dass sich viele Unternehmen nur für den Ort des Fehlergeschehens interessieren. Umso wichtiger ist die Betrachtung der Einflussfaktoren, welche die menschliche Leistungsfähigkeit beeinträchtigen. Die modifizierte Human-FMEA betrachtet genau die Arbeitssysteme, die empfänglich für menschliche Handlungsfehler sind. Es liegt in der Natur des Menschen Fehler zu begehen, jedoch können Maßnahmen zur Senkung der Fehlerquote instruiert werden. Welche konkreten Ursachen hindern Menschen daran fehlerfreie und qualitätsbewusste Leistungen zu erbringen? Warum fällt es Mitarbeitern so schwer miteinander zu kooperieren und Fehler einzugestehen? In welchem Ausmaß haben menschliche Risikoelemente Einfluss auf einen Arbeitsprozess und mit welchen Methoden kann man das Risikopotenzial von Menschen verringern?

Die vorliegende Bachelorthesis fokussiert sich auf die Schnittstellen zwischen Arbeitswissenschaft, Personal-, Qualitäts- und Fehlermanagement. Die Ausarbeitung ergonomischer, organisatorischer und/oder unternehmensspezifischer Verbesserungsmaßnahmen zur Fehlerprävention bildet den substanziellen Mittelpunkt der Bachelorarbeit.

1.2 Untersuchungsgang

Im Rahmen dieser theoretisch ausgearbeiteten Bachelorthesis, wird die Implementierung einer Human-FMEA als Qualitätsoptimierung inspiziert. Im Mittelpunkt steht die Verbindung zwischen technisch-orientierten Ansatz der konventionellen FMEA, sowie der menschenbezogenen Human-FMEA. Auf Basis der Mensch-Maschine-Interaktion, erfolgt zunächst eine intensive Betrachtung der Verbindung zwischen sozialen Strukturen und technischen Systemen, dem sogenannten sozio-technischen Umfeld eines Betriebes. In den Prozessabläufen, in denen Menschen involviert sind, kann es zu Fehlhandlungen kommen. Die Handlungsregulationstheorie fokussiert sich auf das individuell gesteuerte Handeln von Personen beim Ausführen von Tätigkeiten. Das Kernelement dieser Bachelorarbeit besteht aus dem dritten Kapitel: der umfassenden Analyse einer

Human-FMEA. Signifikante Leistungsmerkmale eines Menschen, sowie eine beispielhafte Darstellung menschlicher Handlungsfehler werden hier abgehandelt. Die Human-FMEA ist als eine Analysekette zu verstehen, welche aus den Komponenten Produktfehleranalyse, Handlungsfehler-Ursachenanalyse und dem Initiieren von Gestaltungsmaßnahmen zur Fehlervorbeugung, besteht. Diese adäquaten Werkzeuge werden, in Verbindung mit Dokumentationsformblättern zur Fehleridentifikation, in Kapitel vier inspiziert. Produktdefizite werden in Kooperation mit den Mitarbeitern systematisch begutachtet, klassifiziert und für Zwecke des Fehlermanagements dokumentiert. Fehlerkultur und Fehlertoleranz rücken hier gezielt in den Mittelpunkt. Die Bachelorarbeit wird durch organisatorische, ergonomische und/oder personelle Gestaltungsmaßnahmen von Arbeitsprozessen zur Fehlerverhütung abgerundet.

1.3 Terminologie

Die Bearbeitung des vorliegenden Themas erfordert Begriffsdefinitionen. Im Rahmen dieser Bachelorarbeit werden nachfolgende Fachtermini einen besonderen Stellenwert einnehmen.

Human-FMEA

Das Kernelement der Human-FMEA wird durch den Einfluss des menschlichen Organismus auf die Qualitätsmerkmale eines Produktes oder einer Dienstleistung symbolisiert. De facto kann es in nahezu allen Arbeitsprozessen, in denen der Faktor Mensch involviert ist, zu fehlerbehafteten Denk-, Konzept- oder Systementscheidungen kommen. Mithilfe einer konstruktiven Fehlerkultur, in Form von der Erstellung von Formblättern (Risikoprioritätszahl) und Bewertungsschemata (Poka Yoke usw.), verfolgt die Human-FMEA das Ziel einer effizienten Fehlerprävention. Im Gegensatz zur konventionellen FMEA-Methodik nehmen bei der H-FMEA Soft-Skills, wie zwischenmenschliche Interaktionen (Kommunikationsaustausch, Feingefühl), eine übergeordnete Rolle ein.[6]

- **Failure Mode** (Betriebsstörung, Ausfall, potenzieller Fehler)
- **Effects** (Wirkung, Reaktion, Konsequenz, potenzielle Fehlerfolgen)

---

[6] Vgl. Werdich (2012), S. 208 ff.

- **Analysis** (Auswertung, Begutachtung, kritische Auseinandersetzung)[7]

Exakter formuliert ist die FMEA:

- Ein Früherkennungssystem für potenzielle Risiken in Systemen, Produkten oder Prozessen
- Eine Ursachen-Wirkungs-Analyse nach dem Stand der Technik
- Eine effektive Dokumentation von Expertise, welche das Auftreten von potenziellen Fehlern unterbinden oder einschränken soll
- Wissensmanagement in Verbindung mit der Reduzierung des Krisenmanagements[8]

Fehler

Bezeichnet allgemein das Abweichen eines festgelegten Soll-Wertes. Zu berücksichtigen ist ein ex ante festgelegter Ziel-Zustand, dessen Nichteintreten negative Konsequenzen zur Folge hat.[9] Im technischen Bereich wird von einem Fehler gesprochen, wenn Merkmalswerte von den Anforderungen der Soll-Werte abweichen. Dabei wird unter einem Merkmal eine Eigenschaft verstanden, welche einem Produkt inhärent ist.[10] Die nachfolgende Fehlerklassifikation gilt als signifikant.

- **Systematische Fehler**: Diese führen oft zu einer Abweichung eines Messwertes, aufgrund mangelhafter Messgeräte. Beispielsweise kann eine Waage das korrekte Gewicht nicht erfassen, da sie unzureichend geeicht ist.[11]
- **Zufällige Fehler**: Sowohl umweltbedingte Faktoren als auch die Qualifikationen eines Mitarbeiters beeinflussen die Messergebnisse. Temperaturschwankungen, handwerkliches Geschick, Unachtsamkeit oder Reaktionszeit einer Person können Ursachen für diese Fehlerart sein.[12]

---

[7] Vgl. Werdich (2012), S. 1.
[8] Vgl. Gressler / Göppel (2010), S. 61.
[9] Vgl. Demann (2013), S. 10.
[10] Vgl. Dittmann (2007), S. 20 ff.
[11] Vgl. Wiley Information Services GmbH (Hrsg.) (o.J.): Fehler und Abweichungen.
[12] Vgl. Werdich (2012), S. 76.

Handlung

Im allgemeinen Sprachgebrauch definiert der Begriff „Handlung" die bewusste und zielorientierte Vollbringung einer Aufgabenstellung in einem dafür festgelegten Zeitrahmen.[13] Die Verrichtung von Handlungen bewirkt ein Zusammenspiel zwischen der Aufnahme psychischer und physikalischer Reize, mentaler Verarbeitung und motorischer Umsetzung.[14] Handeln ist die kleinste, autonome Einheit einer Tätigkeit.[15]

Qualität

Der Ursprung, des im 16. Jahrhundert entstandenen Qualitätsbegriffs, beruht auf dem lateinischen Wort „qualitas" (Eigenschaft, Beschaffenheit).[16] „Qualität ist nach DIN[17] 55350 die Beschaffenheit einer Einheit bezüglich ihrer Eignung, festgelegte und vorausgesetzte Erfordernisse zu erfüllen."[18]

Qualität ist eine, an Produkteigenschaften oder Dienstleistungen gekoppelte, objektive oder subjektive Größe. Unter Berücksichtigung von Kundenansprüchen ist der Qualitätsbegriff als subjektive Eigenschaft auszulegen. Jedes Individuum hat verschiedene Produktassoziationen in Bezug auf Ästhetik, Gebrauchsnutzen oder Produktlebensdauer. Qualität dient als signifikante Determinante für die Kaufentscheidung eines Konsumgutes durch den Kunden.[19]

Qualitätssicherung im unternehmerischen Kontext bildet das Gesamtgerüst des langfristigen Unternehmenserfolges.

2 Methodische Grundlagen

Das Scheitern eines Projektes ist nur in seltenen Fällen auf das Versagen von technischen Gegebenheiten zurückzuführen. Vielmehr liegt es am Unvermögen der ausführenden Individuen. Softskills, wie beispielsweise Kommunikation und Kooperation, sind bei der Projektbewältigung von entscheidender Bedeutung. Die Ausgangspunkte der Human-FMEA, beruhend auf dem sozio-technischen

---

[13] Vgl. Becker-Carus, et al. (2004), S. 391.
[14] Vgl. Algedri / Frieling (2001), S. 7.
[15] Vgl. Hacker (2005), S. 69.
[16] Vgl. Drosdowski (1997), S. 97.
[17] DIN = Deutsches Institut für Normung.
[18] Wirtschaftslexikon24.com (Hrsg.) (2014): Qualität.
[19] Vgl. Schmitt / Pfeifer (2010), S. 3 ff.

Verfahrensansatz, der Handlungsregulationstheorie, sowie dem Zusammenhang zwischen Fehlhandlungen und fehlerauslösenden Bedingungen, fungieren als Kernelemente im zweiten Kapitel.

2.1 Der sozio-technische Verfahrensansatz

„(…) Ein System ist eine Anzahl von miteinander in Beziehung stehenden Teilen, die zu einem gemeinsamen Zweck operieren."[20] Systeme bestehen aus vielerlei Variablen, die miteinander vernetzt sind und somit mutual aufeinander einwirken. Intransparenz, lückenhafte Kenntnisse der Systemcharakteristika, sowie die Eigendynamik von organisatorischen Gefügen, steigern enorm die Komplexität bei Handlungssituationen.[21]

Vereinfacht ausgedrückt bildet ein soziotechnisches System ein Gefüge aus **sozialen Strukturen** und **technischen Systemen**, d. h. eine Interaktion zwischen Mensch und Maschine.[22] Die folgenden Subsysteme sind Bestandteil eines soziotechnischen Systems:

- Soziale Komponenten (z. B. Mitarbeiter die eine Maschine bedienen)
- Technische Komponente (z. B. Maschinen, Anlagen, Systeme)[23]

Zwischen den beiden Subsystemen bestehen Interdependenzen. Anhand von Mensch-Maschine-Interaktion und personifiziertem Informationsaustausch, schlagen beide Komponenten Profit aus der Systemverschmelzung. So wird z. B. die Weiterentwicklung der technischen Systemkomponente durch den Umgang mit dem sozialen Geflecht gewährleistet.[24]

Soziotechnische Systeme sind geprägt von Komplexität und Prozessdynamik in einer Arbeitsumgebung. Beeinträchtigungen oder Störungen der soziotechnischen Komponente rufen beim ausführenden Individuum psychische Belastungen, wie Stresssituationen, hervor.

Die Verschmelzung des sozialen und technischen Ansatz eignet sich als eine adäquate Betrachtungsgrundlage für die Human-FMEA. Die Interdependenzen

---

[20] Forrester (1972), S. 9.
[21] Vgl. Dörner (2008), S. 58.
[22] Vgl. Jahnke (2006), S. 38.
[23] Vgl. Jahnke (2006), S. 19.
[24] Vgl. Richter et al. (2007), S. 30.

der Komponenten von Personal, Produkt, Technologie und Organisationsstruktur bilden die Rahmenbedingungen für eine simultane Betrachtungsweise.[25]

2.2 Die Handlungsregulation

Die Zielantizipation einer Person strukturiert ihre Handlung so, dass der gewünschte Sollzustand möglichst optimal erreicht wird. Parallel zur Handlungsvorbereitung, -ausführung und -kontrolle finden Abstimmungs- und Verbesserungsprozesse statt. Die enge Verzahnung zwischen Handlungsregulationstheorie und Human-FMEA beschreibt sowohl das individuell gesteuerte Handeln eines Mitarbeiters beim Vollzug seiner Tätigkeiten, als auch die aus den Tätigkeiten entstehenden Handlungsfehler und dessen Ursachen. [26] Aus diesem Grund ist die Handlungsregulation im Rahmen der Betrachtung einer Human-FMEA unverzichtbar.

Die Handlungsregulationstheorie beschreibt die „(…) Regulierung des Arbeitsprozesses (u.a. im Rahmen der Mensch-Maschine-Interaktion) in Abhängigkeit von der Erfahrung und der Komplexität der Aufgabe auf der intellektuellen, perzeptiv-begrifflichen und/oder sensomotorischen Ebene."[27]

Im Folgenden werden die Wurzeln für die Entwicklung der Handlungsregulationstheorie vorgestellt.

2.2.1 Das TOTE-Modell

Das in den 60er-Jahren publizierte Modell von George A. Miller, Eugene Galanter und Kral H. Pribram, impliziert eine zielgerichtete Verhaltenssequenz.[28] Die Wurzeln des Modells liegen in der Kybernetik, „(…) der Wissenschaft der Steuerung und Regelung von Maschinen, lebenden Organismen und sozialen Organisationen."[29] Hierarchisch miteinander verknüpft, werden vier sequentielle Handlungs- und Prüfphasen durchlaufen.[30]

---

[25] Vgl. Algedri / Frieling (2001). S. 6.
[26] Vgl. Algedri / Frieling (2001), S. 7.
[27] Gabler Wirtschaftslexikon (Hrsg.) (o.J.): Handlungsregulation.
[28] Vgl. Ingenieurpsychologie (Hrsg.) (o.J.): TOTE-Modell.
[29] Vgl. Ingenieurpsychologie (Hrsg.) (o.J.): TOTE-Modell.
[30] Vgl. Hacker (2005), S. 217 ff.

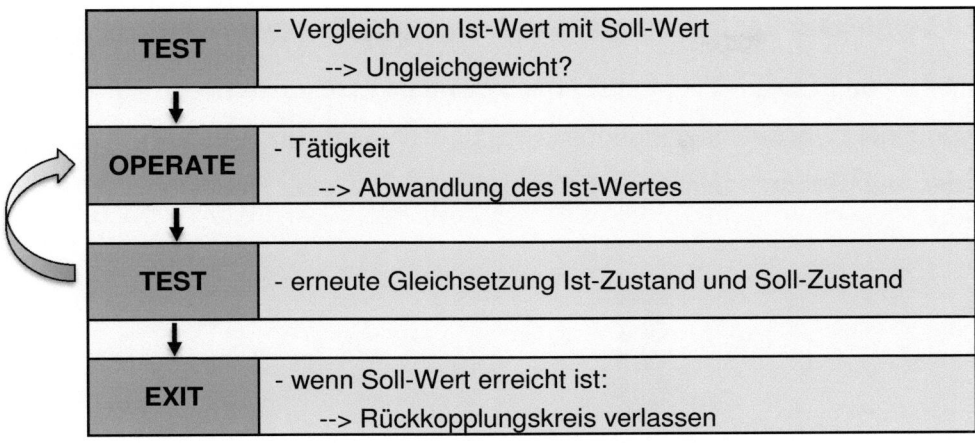

TEST	- Vergleich von Ist-Wert mit Soll-Wert --> Ungleichgewicht?
OPERATE	- Tätigkeit --> Abwandlung des Ist-Wertes
TEST	- erneute Gleichsetzung Ist-Zustand und Soll-Zustand
EXIT	- wenn Soll-Wert erreicht ist: --> Rückkopplungskreis verlassen

Abb. 1: TOTE-Modell.
Quelle: In Anlehnung an Ingenieurspsychologie (Hrsg.) (o.J.): TOTE-Modell.

Zu Beginn der Handlungsphasen wird zunächst der Ist-Zustand mit dem Ziel-Zustand verglichen (**Test**). Bei abweichender Übereinstimmung des Plansolls wird zur nächsten Aktionsphase übergeleitet. Mithilfe adäquater Aktivitäten leitet die zweite Hierarchieebene eine Handlungs-Feinjustierung (Angleichen) des Ist-Wertes an den Soll-Wert ein (**Operate**).[31] Der Dritte Handlungsprozess prüft erneut, ob nun eine Übereinstimmung zwischen Ist –und Soll-Zustand eingetreten ist. Ist dies nicht der Fall, erfolgt ein Rückkopplungsvorgang zur vorhergehenden Handlungsstufe (**Test**). Ein Übergang der Verhaltenssequenz in die sogenannte „Austrittsebene" erfolgt bei einer Kongruenz von Ziel- und Referenz-Zustand. Ab diesem Stadium kann aus dem Rückkopplungskreis ausgetreten werden (**Exit**).[32] Winfried Hacker transferierte das aus der Kybernetik stammende TOTE-Modell in die Arbeitspsychologie und modifizierte es durch seine Vergleichs-Veränderungs-Rückkopplungs-Einheit.

---

[31] Vgl. Hacker (2005), S. 217.
[32] Vgl. Ingenieurpsychologie (Hrsg.) (o.J.): TOTE-Modell.

2.2.2 Vergleichs-Veränderungs-Rückkopplungs-Einheit

Die Intentionen des VVR-Modells nach Winfried Hacker basieren auf der Darstellung der Wechselbeziehungen zwischen Denken und Agieren, kombiniert mit der Analyse automatisierter, komplexer und geplanter Handlungen.[33]

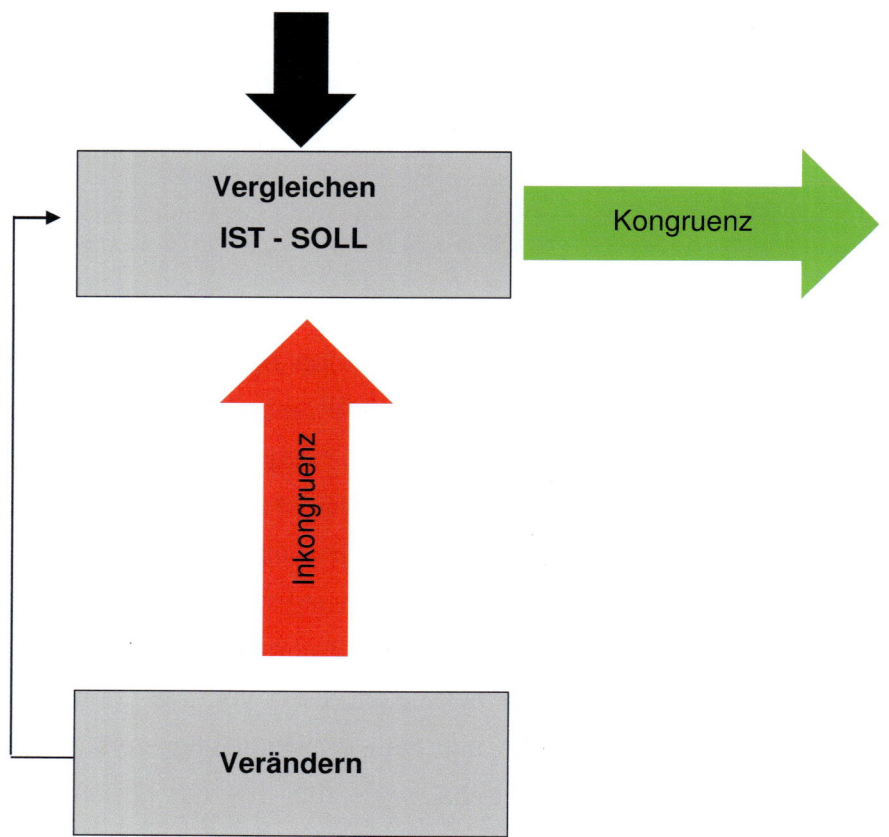

Abb. 2: Vergleichs-Veränderungs-Rückkopplungs-Einheit.
Quelle: In Anlehnung an Ingenieurpsychologie (Hrsg.) (o.J.): Handlungsregulationstheorie.

Hacker postulierte in seiner VVR-Einheit den Begriff der **hierarchischsequentiellen** Gesamtheit einer Tätigkeit. Eine **sequentiell-vollständige** Handlung umfasst das Festlegen eines Ziel-Zustandes, das Erstellen eines Ablaufplans, die Implementierung dieses Plans und letztendlich die Überprüfung des Ergebnisses. Beim Verfehlen des Soll-Zustandes setzt ein Rückkopplungseffekt zu einem vorhergehenden Prozessschritt ein. Das signifikante Charakte-

---

[33] Vgl. Ingenieurpsychologie (Hrsg.) (o.J.): Handlungsregulationstheorie.

ristikum einer **hierarchisch-vollständigen** Tätigkeit ist gegeben, sobald die drei o.g. Handlungsebenen involviert sind.[34]

Auf Grundlage **hierarchisch-sequentieller** Struktur determiniert Hacker, im Jahre 1986, drei psychische Regulationsmodi von Arbeitstätigkeiten (1986).[35] Die Aktionsvorbereitungen in der individuellen Regulation eines Menschen bestehen aus folgenden Schichten:

- **Sensumotorische Ebene** (Gewohnheits- oder automatisierte Ebene)
- **Perzeptiv-begriffliche Ebene** (Regelebene)
- **Intellektuelle Ebene** (Wissensebene)[36]

Auf der **sensumotorischen Ebene** finden automatisierte und routinemäßige Bewegungsabläufe statt. Die durch den Menschen ausgeführten Arbeitsgänge sind zumeist unbewusst. Auf der nächst höheren Stufe befindet sich die **perzeptiv-begriffliche Ebene**. Anhand von kognitiver Wahrnehmung und gespeichertem Wissensstand, kann der Mitarbeiter Urteils- und Klassifikationsvorgänge bei der Handlungsvorbereitung erstellen. Eine bewusste Wahrnehmung und Beurteilung situativer Informationen ist auf diesem Handlungslevel Grundvoraussetzung. Mittelpunkt der **intellektuellen Ebene** ist das Entscheidungsverhalten des ausführenden Akteurs. Im Rahmen dieser Ebene wird eine bewusstseinspflichtige Handlungsausführung vorausgesetzt. Die aus den Arbeitsprozessen entstehenden Resultate können vom Mitarbeiter auf dieser Ebene evaluiert werden. Anhand von analytischem Denken und explizitem Wissen kann der Handelnde, durch individuelle Entschlüsse, situationsgerecht Arbeits- und Verfahrensmuster einsetzen.[37]

Gegenüberstellung TOTE-Modell / VVR-Einheit

Das VVR-Modell im Gegensatz zum TOTE-Modell, ist kein in sich geschlossener Kreisprozess, sondern wird vielmehr durch autoritäre Anweisungen und umweltverändernde Einflüsse (soziale Rahmenbedingungen) rückgekoppelt.[38] Gesamtziele werden in Teilaufgaben selektiert. Durch Teilziele und Feedbacks werden Vergleichsmuster des Handelns situativ an zielgerichtete Rahmenbe-

---

[34] Vgl. Ingenieurpsychologie (Hrsg.) (o.J.): Handlungsregulationstheorie.
[35] Vgl. Algedri / Frieling (2001), S. 8.
[36] Vgl. Psychologie48.com (Hrsg.) (2010): Handlungsregulation.
[37] Vgl. Algedri / Frieling (2001), S. 8.
[38] Vgl. Hacker (2005), S. 217.

dingungen adaptiert. Des Weiteren besteht eine flache Hierarchie, welche eine durchgehend hierarchische Regulation von Handlungen abwendet und somit mehr Flexibilität schafft.[39]

2.2.3 Das Skill-Rules-Knowledge-Modell

Unwissend und unabhängig von Hackers Forschungsstand postulierte Rasmussen in seinem **Skill-Rules-Knowledge-Modell** (1983) die drei Handlungsstufen des menschlichen Habitus.

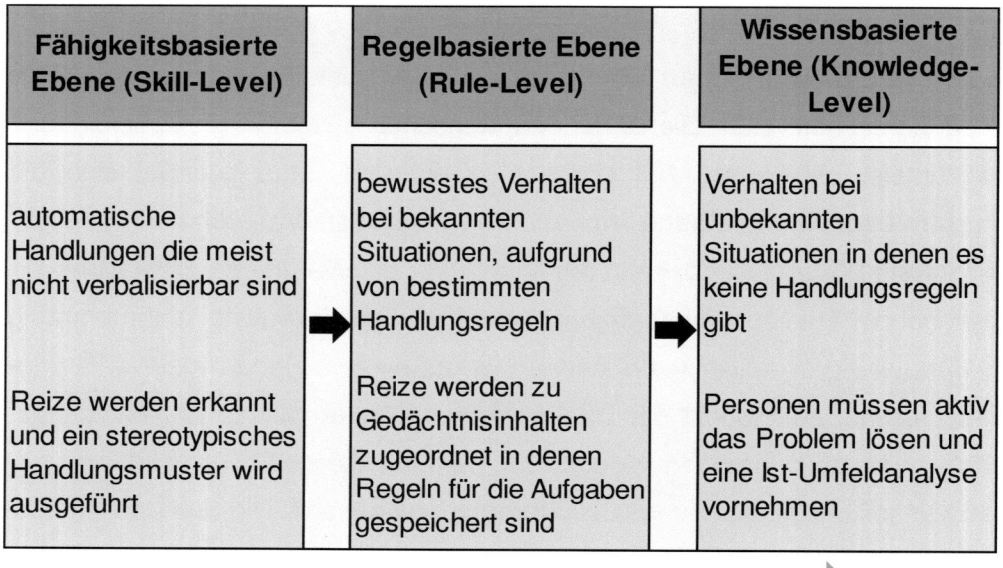

Abb. 3: Skill-Rules-Knowledge-Modell.
Quelle: Ingenieurpsychologie (Hrsg.) (o.J.): Skilll-Rules-Knowledge-Modell.

Nachfolgendes Beispiel soll den Hintergrund von Rasmussens Ausführungsebenen verdeutlichen. Ein Mitarbeiter eines Eisen- und Stahlumformungs-Unternehmens legt ein Teil in eine maschinelle Schmiede und Stanzanlage ein und drückt auf den „Start-Button". Diese automatisierte Tätigkeit findet auf der **fähigkeitsbasierten Stufe** statt. Die Maschine führt den Auftrag jedoch nicht aus und signalisiert eine Fehlmeldung. Der handlungsausführende Mitarbeiter befindet sich nun auf **regelbasierter Ebene**. Laut den betrieblichen Vorgaben gibt es bestimmte Regeln, die der Arbeitnehmer bei bekannten Situationen

---

[39] Vgl. Hacker (2005), S. 218.

anwenden kann/soll. Zunächst kann er auf der Bewusstseinsebene überprüfen, ob er das Teil ordnungsgemäß eingelegt hat. Vermeldet die Maschine danach immer noch eine Störung, so besteht die Erlaubnis sie neu zu starten. Funktioniert der Prozess immer noch nicht fehlerfrei, so erfolgt ein Übergang auf die **wissensbasierte Ebene**. Die Person könnte im Internet recherchieren, seinen Vorgesetzten oder den Hersteller der Maschine kontaktieren, um einen Lösungsweg herbeizuführen.[40]

2.3 Handlungen im Zusammenhang mit Human-FMEA

Im Mittelpunkt der Human-FMEA stehen Ausführungen, Vorgänge und Prozesse, bei deren Implementierung Handlungsfehler in Erscheinung treten. Folgende Gesichtspunkte konzipieren die Parallelen zwischen der Human-FMEA und Hackers Theorie:

- Der Mensch interagiert bei jeder seiner Aktionen mit seinem Umfeld. Handlungen bzw. Tätigkeiten sind zielgerichtet und werden somit durch unternehmerische Umwelteinflüsse so transformiert, sodass trotzdem das Ziel bzw. der Soll-Wert erreicht wird (**Ziele**).
- Durch das menschliche Handeln verändert sich das unternehmerische Umfeld. Der Mensch muss sein Handeln kontinuierlich auf die Umweltveränderungen anpassen (**Adaption**).
- Menschliche Handlungsschemata unterliegen gesellschaftlichen Korrelationen. Handeln wird weder durch Denken des ausführenden Individuums, noch durch sein Reagieren auf äußere Rahmenbedingungen geleitet (**Denken** und **Reaktion**).

Handlungen besitzen also eine hierarchisch-sequentielle Baumstruktur. Handeln inkludiert somit ein prozessuales Spezifikum (**Prozess**).[41]

3 Human-FMEA

Der Hintergrund für Produktunzulänglichkeiten kann sowohl bei technischer und/oder organisatorischer und/oder menschlicher Fehlgestaltung des Arbeitssystems liegen. Eine effektive Fehlerprävention setzt diesbezüglich eine inten-

---

[40] Vgl. Ingenieurpsychologie (Hrsg.) (o.J.): Skill-Rules-Knowledge-Modell.
[41] Vgl. Becker-Carus et al. (2004), S. 392.

sive Betrachtung der genannten Ursachen voraus. Darüber hinaus fördert eine Fehlerkultur den Lernprozess eines Arbeitsganges. Einzelne Mitarbeiter gelten nicht mehr als Zielscheibe für Fehlerursachen, sondern viel mehr werden Fehlerursachen entpersonifiziert. Dem Stellenwert von Softskills, wie Kommunikation, soziale Interaktion usw. kommt entscheidende Bedeutung zu. All diese Eigenschaften vereint das präventive Methodenkonstrukt Human-FMEA.[42] Anhand tiefgründiger System-, Konzept- oder Aufgabenanalysen entstehen vorbeugende Maßnahmen, um potenzielle Fehlerfaktoren in einem frühzeitigen Stadium zu entlarven und auszuschalten.[43] Ein strukturiertes FMEA-Gesamtgerüst bildet die Basis, um risikobehafteten Entwicklungstendenzen entgegenzuwirken. Strategische, plausible, sowie zielorientierte Planung der organisatorischen Instanzen bringen innovative Verfahrensmuster zur Problembeseitigungen hervor.[44]

3.1. Historie der Human-FMEA

In den 1950er Jahren fand die FMEA durch das US-amerikanische Militär ihren Ursprung (Procedures for Performing a Failure Mode, Effects and Criticality Analysis). Mittelpunkt dieser Anweisung war die Betrachtung der Ausrüstungssicherheit von Soldaten.[45] Im Rahmen des Raumfahrtprogrammes der NASA (60er-Jahre) fungierte die Methodik FMEA erstmals als vorbeugende Maßnahme zur Risikoeinschätzung von Projekten. Ziel war die Gewährleistung eines hohen Sicherheitsstandards.[46] Insbesondere die Branchen der Kerntechnik und Automobilindustrie kurbelten die Weiterentwicklung der Ausfalleffektanalyse, durch Einführung entsprechender Normungen bzw. Standards, wie DIN 25 448, an.[47] In den 80er-Jahren wurde die Qualitätssystemrichtlinie Q-101 durch den Automobilhersteller Ford geschaffen. Die im Rahmen des Qualitätsstandards 101 entstandenen Verfahrensansätze, Konstruktions-FMEA und Prozess-FMEA, generierten einen Verbesserungsprozess der Fehleranalyse in der Automobilindustrie. Firmenspezifische Angelegenheiten wurden, anhand des in

---

[42] Vgl. Quality Engineering (Hrsg.) (01.09.2000): Fehlervermeidung mit System.
[43] Vgl. Algedri / Frieling(2001), S. 3.
[44] Vgl. Werdich, (2012), S. 1.
[45] Vgl. Werdich (2012), S. 7.
[46] Vgl. Brückner (2011), S. 217.
[47] Vgl. Zollondz (2001), S. 8. Die FMEA ist europaweit durch diesen Standard genormt.

der DIN 25 448 enthaltenen Formblatts, ersichtlicher und transparenter. Darüber hinaus wurde zum ersten Mal eine Risikoprioritätszahl (RPZ) eines Produktes, mittels drei Kriterien, gebildet: Auftrittswahrscheinlichkeit, Bedeutung der Fehlerfolgen, sowie Entdeckungswahrscheinlichkeit der Fehler. Im Jahre 1986 kooperierten Automobilhersteller mit der VDA-Arbeitsgruppe[48] „Sicherung der Qualität vor Serieneinsatz". Ergebnis dieser Zusammenarbeit war ein einheitliches und generelles Qualitätsformular zum Ablauf einer FMEA.[49] Chrysler, Ford und General Motors kreieren 1994 die erste Referenzauflage der QS-9000. Ausgangspunkt ist die Richtlinie DIN EN ISO 9001:1994-2008. Im Jahre 2001 bekommt die FMEA zunehmend Ansehen und wird erstmals in nichttechnischen Materien praktiziert, wie im Dienstleistungs- und Projektmanagement (DGQ[50]-Band 13-11). Die Multifunktionsprozedur FMEA findet seit 2006 in der Medizintechnik, Lebensmittelindustrie und Software-Entwicklung Anwendung.[51]

3.2 Bezugsrahmen der Human-FMEA

Primäre Zielstellung der Human-FMEA ist eine effiziente Handlungsvorgehensweise zur Prävention vor Produktfehlern. Basis einer Fehlerreduktion ist eine, für den Mitarbeiter humane Arbeitssystemgestaltung[52], welche ein optimales Zusammenwirken der Komponenten Mitarbeiter, Organisationsstruktur, Technologie und Arbeitsumfeld gewährleistet. Das Zusammenspiel dieser Elemente bildet den Bezugsrahmen der Human-FMEA, nämlich die von der Organisationseinheit an den Mitarbeiter gestellte Arbeitsaufgabe.

---

[48] VDA = Verband der Automobilindustrie.
[49] Vgl. Pfeifer (2001), S. 396 ff.
[50] DGQ = Deutsche Gesellschaft für Qualität
[51] Vgl. Werdich (2012), S. 8.
[52] Beschreibt ein mitarbeiterfreundliches Arbeitsumfeld zur optimalen Aufgabenerfüllung.

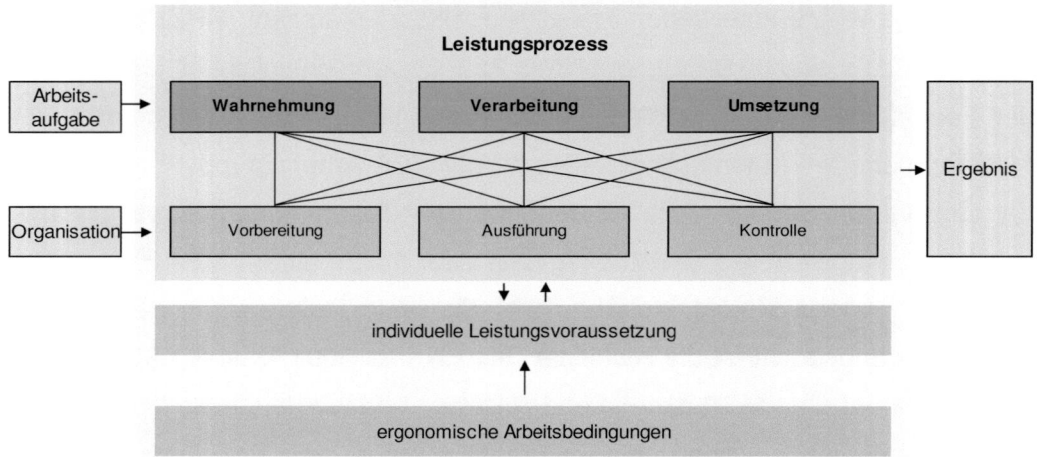

Abb. 4: Der Bezugsrahmen der Handlungsfehleranalyse.
Quelle: In Anlehnung an Algedri / Wege (2013), S. 17.

Mit Hilfe der im Systemelement Mensch vorhandenen kognitiven Eigenschaften: Wahrnehmung, Verarbeitung und Umsetzung, wird die Arbeitsaufgabe zu einem Arbeitsergebnis umgewandelt. Strapazen in Form von physischen oder psychischen Ausprägungen, sowie organisatorisch schlechte Rahmenbedingungen, haben Einfluss auf das Resultat während der Leistungserbringung.[53]

Im Fachgebiet der Human-FMEA werden folgende Elemente konkretisiert:

Arbeitsorganisation umschließt eine betriebliche Mikrostruktur, welche die zweckmäßig zeitliche und rationale Strukturierung von Arbeitsaufgaben beschreibt.[54] Die mittelbare oder unmittelbare Interaktion zwischen Mensch und Arbeitsgegenstand, die Gestaltung von Informationsaustausch, sowie die Richtlinien von Arbeitszeiten und Entgeltsystemen, sind Komponenten der Arbeitsorganisation.[55]

Arbeitsaufgaben sind als zielgerichtete, durch den Menschen ausgeübte, Tätigkeiten anzusehen. Unter vorgeschrieben Standards und Normen wird ein gegenwärtiger Ist-Zustand, mithilfe von Handlungsoperationen und Arbeitsgängen, in ein gewünschtes Resultat transformiert.[56] Zeitvorgabe, Schwierigkeitsgrad,

---

[53] Vgl. Träger (2008), S. 31.
[54] Vgl. Algedri / Frieling (2001), S. 11.
[55] Vgl. Hacker (2005), S. 119 ff.
[56] Vgl. Hacker (2005), S. 48 ff.

zur Verfügung stehend Arbeitsutensilien, sowie die logische Herangehensweise sind hier von signifikanter Bedeutung.[57]

Im Rahmen der erfolgreichen Umsetzung und Bewältigung von Arbeitsaufgaben und Problemfällen, umfassen **individuelle Leistungsvoraussetzungen** die körperlichen und geistigen Qualifikationen einer Person.[58] In Hinblick auf die Aufgabeneignung eines Mitarbeiters rücken fachliche-, methodische- und soziale Handlungskompetenzen in den Mittelpunkt der Betrachtung.[59]

Interne oder externe Rahmenbedingungen, welche auf die Umsetzung und Ausführung einer Arbeitsaufgabe einwirken, sind in den Bereich der **ergonomischen Arbeitsbedingungen** einzuordnen.[60] Ziel der Arbeitsplatzgestaltung ist eine optimierte Anordnung der Arbeitsutensilien, um qualitativ hochwertige Arbeitsergebnisse zu gewährleisten. Menschliche Leistungsgrenzen sollen berücksichtigt werden, sodass Belastungen in Form von Lärm, Hitze/Kälte, unzureichende Arbeitsplatzbeleuchtung, monotone Aufgaben, sowie Ermüdung nahezu minimiert werden. Je nach der individuellen Verfassung eines Mitarbeiters beanspruchen diese Faktoren ihn mehr oder weniger.[61]

Fehlerauslösende Umstände im Hinblick auf den sozio-technischen Systemansatz, der Modelle der Handlungsregulation nach Hacker, sowie die Handlungsregulationsebenen, stellen eine Fehlerquelle dar.

Je häufiger diese Belastungsfaktoren in variierender Form auftreten, desto mehr wird das individuelle Leistungsvermögen eines Mitarbeiters beansprucht. Infolgedessen kann sich die Auftrittswahrscheinlichkeit eines Fehlers um ein Vielfaches erhöhen. Am Ende dieser Handlungskette steht als letzte Konsequenz der Produktfehler, welcher unbedingt vermieden werden soll.

Im nächsten Abschnitt wird eine Auswahl signifikanter Merkmale des menschlichen Leistungsvermögens vorgestellt. Die soeben angesprochenen fehlerauslösenden Randbedingungen stellen Belastungsquellen für die Leistungskonstitution eines Mitarbeiters dar.

---

[57] Vgl. Algedri / Frieling (2001), S. 11.
[58] Vgl. Badke-Schaub et al. (2012), S. 105.
[59] Vgl. Jung (2011), S. 254 ff.
[60] Vgl. Algedri / Frieling (2001), S. 11.
[61] Vgl. Träger (2008), S. 31.

3.2.1 Personelle Leistungskonstitutionen

Die individuellen Leistungsvoraussetzungen einer Person zum erfolgreichen Bewerkstelligen eines Arbeitsauftrages vereinen fachliche, analytische und soziale Fähig- und Fertigkeiten.[62] Menschliche Unachtsamkeit kann in Form von Auslassen, Falschablesen, Falschinterpretieren, Vergessen oder Verwechseln auftreten. Die nachfolgende Auswahl individueller Leistungsmerkmale einer Person sind Grundvoraussetzungen für ein vorschriftsmäßiges und qualitätsbewusstes Durchführen eines Arbeitsauftrages.[63]

3.2.1.1 Konzentration

Ist die Fähigkeit eines Individuums, seine gesamte Aufmerksamkeit auf die Verrichtung einer bestimmten Tätigkeit zu fokussieren.[64] Konzentration beansprucht die geistige, wie auch die körperliche Konstitution eines Mitarbeiters, unabhängig von dessen Intelligenz. Mit zunehmender Arbeitsdauer sinkt automatisch das Konzentrationsvermögen und damit einhergehend die Aufmerksamkeit im Rahmen der Qualitätssicherung.[65] Folgende Faktoren können die Konzentrationsfähigkeit einer Person beeinträchtigen.

Physische Faktoren	Psychische Faktoren	Externe Faktoren
- Ermüdung	- Zeitdruck	- Hitze/Kälte
- Schlafmangel	- Leistungsdruck	- Lärm
- Sättigung	- emotionales Befinden	- monotone Arbeitsabläufe
- Überarbeitung	- Interessemangel	
- Wohlbefinden	- fehlende Motivation	- spärliche Arbeitsplatzbeleuchtung
- Kraftpotenzial		

Tab. 1: Beeinträchtigung des Konzentrationsvermögens.
Quelle: In Anlehnung an Träger (2008), S. 31.

Dem gegenüber stehen Faktoren wie: Energie, Vitalität, Erholungsphasen (Pausen), welche ein hohes Maß an Konzentrationsfähigkeit generieren.[66]

---

[62] Vgl. Algedri / Frieling (2001), S. 11.
[63] Vgl. Zollondz (2001), S. 702.
[64] Vgl. Becker-Carus et al. (2004), S. 509.
[65] Vgl. Stangl (Hrsg.) (2010): Konzentration.
[66] Vgl. Becker-Carus et al. (2004), S. 509.

3.2.1.2 Kompetenz

In der personalwirtschaftlichen Praxis werden die Bezeichnungen Eignung, Fähigkeit oder Qualifikation als Synonyme für Kompetenz verwendet.[67] Im Rahmen der Soziologie und Arbeitswissenschaften wird Kompetenz als Zuständigkeit und Autoritätsbefugnis einer Person zur Ausführung einer Arbeitstätigkeit definiert.[68] Das Verlangen nach Kompetenz ist im Bereich der humanitären Grundbedürfnisse anzusiedeln. Das angeeignete Fachwissen ist sozusagen ein Lagebericht, welcher voraussagt, ob ein Mitarbeiter der Bewältigung von verschiedenen Problemfällen, anhand seiner Qualifikation, gewachsen ist. Die derzeitige Handlungskompetenz gibt Aufschluss in welchem Maße ein Wissenszuwachs zu verzeichnen ist.[69]

Ein kompetenzmotivierter Arbeitnehmer strebt im Regelfall nicht nur die Beherrschung seiner beruflichen Tätigkeit an. Sein Ziel ist es zum Experten seines Themengebietes zu mutieren. Partizipation bei Projekten, Selbstständigkeit und Autonomie sind signifikante Komponenten bei der beruflichen Entfaltung und individuellen Weiterentwicklung.[70]

Fachkompetenz +	Methodenkompetenz +	Sozialkompetenz
- Produktkenntnisse - handwerkliches Geschick - Fremdsprachenkenntnisse - IT-Kenntnisse - wirtschaftliches Allgemeinwissen - technisches Allgemeinwissen	- Strategieplanung - Umgang mit Informationen - Entscheidungs- und Innovationsmethoden - Problemlösungen - vernetztes Denken	- Konfliktfähigkeit - Kommunikationsfähigkeit - Kooperationsbereitschaft - Kritikfähigkeit - Delegationsfähigkeit
= Handlungskompetenz		

Abb. 5: Zielbereiche der Personalentwicklung.
Quelle: In Anlehnung an Jung (2011), S. 255.

---

[67] Vgl. Nicolai (2009), S. 271.
[68] Vgl. Becker (2009), S. 9.
[69] Vgl. Badke-Schaub et al. (2012), S. 105.
[70] Vgl. Nicolai (2009), S. 138 ff.

Unter **fachlicher Kompetenz** versteht man die qualifikatorischen Gegebenheiten eines Arbeitnehmers, welche zur Lösung seiner beruflichen Tätigkeitsbereiche situativ angewendet wird.[71]

Ein weiteres Zielgebiet der Personalentwicklung bilden die **sozialen Kompetenzen**. Diese gelten als signifikante Eigenschaften eines Mitarbeiters bei der Interaktion mit anderen Arbeitnehmern. Die Fähigkeit in Teams- oder Gruppenarbeit zu interagieren, bildet das Fundament für erfolgreiche Kooperation in einer organisatorischen Einheit. Dies umfasst den verantwortungsbewussten und nutzenbringenden Umgang mit Produktionsressourcen, sowie das soziale Verhältnis zu Mitarbeitern. In der heutigen Zeit sind soziale Fähigkeiten nicht nur bei Vorgesetzen, sondern ebenso bei Mitarbeitern in der Produktion gefragt.[72]

Methodische Kompetenzen befähigen die Mitarbeiter eines Unternehmens, ihre fachlichen Qualifikationen systematisch in diffizilen Arbeitsprozessen anzuwenden. Anhand von Informationsbeschaffung und Datenevaluierungen wertet ein Arbeitnehmer Handlungsschritte, sowie etwaige Folgeerscheinungen eines Prozessschrittes, aus.[73]

3.2.1.3 Arbeitsmotivation

Beschreibt ein zielgerichtetes Verhalten einer Person, welches die Gesamtheit der Beweggründe zur Arbeitsbereitschaft einer Person umfasst. Eine hohe Arbeitsmotivation, in Verbindung mit Arbeitsausdauer beim Vollbringer einer Aufgabe, bewirkt i.d.R. ein qualitativ hochwertiges Arbeitsergebnis. Ein weiterer positiver Nebeneffekt einer hohen Arbeitsmotivation, ist eine erhöhte Arbeitszufriedenheit und die damit einhergehende Reduzierung von Fehlzeiten.[74] Die Motivationspsychologie unterteilt sich in intrinsische- und extrinsische Motivation im Rahmen der Arbeitsbereitschaft einer Person.[75]

- **Intrinsische Beweggründe** werden durch das Ausüben der beruflichen Tätigkeit an sich befriedigt. Mitarbeiter suchen die Partizipation bei Leistungszielen, die Anwendung individueller Fachkompetenzen, sowie die

---

[71] Vgl. Nicolai (2009), S. 271.
[72] Vgl. Jung (2011), S. 255.
[73] Vgl. Becker (2009), S. 11.
[74] Vgl. Kleinbeck / Kleinbeck (2009), S. 25
[75] Vgl. Flato / Reinbold-Scheible (2008), S. 80.

Identifikation mit der Arbeitsaufgabe. Die Produktivität eines Mitarbeiters ist umso höher, je größer der Spaß und die Freude beim Ausüben der Tätigkeit sind. [76]

- **Extrinsische Beweggründe**, wie monetäre Anreize oder Sicherheits- und Prestigemotive, sind positive Rahmenbedingungen beim Ausüben einer Tätigkeit. Demnach ist die extrinsische Motivation ein Instrument zur Befriedigung anderer Ziele, die unabhängig von der Fachkompetenz sind.[77]

3.2.1.4 Mitarbeiterzufriedenheit

Mitarbeiterzufriedenheit beschreibt ein Maß für den Enthusiasmus beim Erfüllen einer Tätigkeit. Die Fluktuationsquote sowie Flüchtigkeitsfehler sinken.[78] Ein positives emotionales Befinden, Weiterbildung als Attraktivitätsfaktor, in Verbindung mit karrierebezogenen Aufstiegsmöglichkeiten, sowie individuelle und berufliche Entfaltung am Arbeitsplatz, sind signifikante Komponenten zur Sicherung der Mitarbeiterzufriedenheit.[79] Die Zufriedenheit wird von vielerlei Einflussvariablen, wie z. B. Arbeitsklima (im Sinne von der sozialen Interaktion mit Kollegen und Vorgesetzten), tangiert.[80] Eine hohe Mitarbeiterzufriedenheit lässt auf qualitätsbewusstes und motiviertes Personal, ausgelöst durch inhärente Bedürfnisse), schließen.[81]

3.2.1.5 Teamfähigkeit

Als Team bezeichnet man die Partizipation verschiedener Charaktere in einer Arbeitsgruppe, welche mit ihren Kenntnissen effiziente Problemlösungen finden sollen.[82] Die Bildung einer Gruppenhierarchie, aus Gründen der Arbeitszuweisung durch einen kooperativen Teamführer an seine Teammitglieder, ist für ein effizientes Vorgehen unabdingbar.[83] Das Integrieren eigener Vorschläge eines Mitarbeiters dient zur Selbstverwirklichung und ist somit ein zusätzlicher moti-

---

[76] Vgl. Nicolai (2009), S. 138.
[77] Vgl. Jung (2011), S. 370.
[78] Vgl. Tuned Instruments (Hrsg.) (2013): Mitarbeiterzufriedenheit messen.
[79] Vgl. Becker (2009), S. 283 ff.
[80] Vgl. Gabler Wirtschaftslexikon (Hrsg.) (o.J.). Nachhaltiges Personalmanagement.
[81] Vgl. Nicolai (2009), S. 145.
[82] Vgl. Hacker (2005), S. 50 ff.
[83] Vgl. Badke-Schaub et al. (2012), S. 124.

vierender Aspekt. Gleiches gilt für die Ideenakzeptanz der Kollegen.[84] Die soziale Komponente Teamarbeit erhöht den Informationsaustausch zwischen den Mitarbeitern und stärkt die Kooperationsbereitschaft. Teamarbeit beeinflusst die Arbeitsweise der Individuen stark und führt zu einer erhöhten Risikobereitschaft.[85]

Die vorgestellten Leistungsmerkmale sind nicht voneinander trennbar, sondern bedingen sich gegenseitig. Die Konzentration eines motivierten Mitarbeiters ist um einiges höher als die eines unmotivierten Beschäftigten. Für die Arbeitsausführung sind diese Elemente enorm wichtig, da ein Mitarbeiter, der diese Faktoren vereint, ein Höchstmaß an Qualität generiert. All diese Kriterien können die Qualität eines (Teil-)Prozesses sowohl positiv, als auch negativ beeinflussen.

3.2.2 Menschliche Handlungsfehler

Im Rahmen der Ausführung von Arbeitstätigkeiten durch eine Person können menschliche Handlungsfehler entstehen. Die Varianz von einer genormten oder determinierten Verhaltensweise eines Menschen, im Rahmen eines vorgeschriebenen Arbeitssystems, definieren i.e.S. humanitäre Fehlausführungen. Die Folgen dieser Abweichungen haben Konsequenzen auf den Soll-Wert bzw. das Produktionsergebnis.[86] Originär entstehen fehlerbehaftete Vorgänge bei der etwaigen Fehlstrukturierung des Arbeitsablaufsystems. Eine quantitative Darstellung der individuellen menschlichen Loyalität, Beständigkeit und Verlässlichkeit bietet sich mit der Human Error Probability an.[87]

$$\text{HEP} = \frac{\text{Anzahl fehlerhafter Handlung}}{\text{Anzahl aller durchzuführenden Handlungen}}$$

Subtrahiert man nun den HEP von 1, so erhält man die prozentuale Zuverlässigkeit (R) eines Mitarbeiters.

---

[84] Vgl. Nicolai (2009), S. 188 ff.
[85] Vgl. Nicolai (2009), S. 288.
[86] Vgl. Algedri / Frieling (2001), S. 14.
[87] Vgl. Algedri / Frieling (2001), S. 15.

Die nachfolgende Tabelle zeigt einige signifikante Grundgedanken der Definition von menschlichen Handlungsfehlern:

Zielerreichung	Ein Handlungsfehler inkludiert das Verfehlen eines Soll-Wertes oder Teilzieles.
Vermeidbarkeit	Ein potenziell vermeidbarer Fehler, ist als Fehler zu deklarieren.
Systemmängel	Das Individuum mit seinen Handlungsfehlern ist ein Element im risikobehafteten Arbeits- und Organisationssystem.
Fehlerfolgen sind Systemspezifisch	Wird die von einer Organisationseinheit festgelegte Toleranzgrenze, im Rahmen der Ausführung von menschlichen Arbeitstätigkeiten überschritten, so liegt ein individueller Handlungsfehler vor.
Zielorientierte Handlungen	Die fehlerhafte Implementierung einzelner Handlungsabfolgen erhöht die Wahrscheinlichkeit, das Gesamtziel der Handlungen zu beeinflussen.
Fehlerkorrektur	Um das Arbeitsziel nicht zu beeinträchtigen können Mitarbeiter selbstständig ihre fehlerhaften Ausführungen kontrollieren und ggf. korrigieren.

Abb. 6: Grundgedanke menschlicher Handlungsfehler.
Quelle: In Anlehnung an Algedri / Frieling (2001), S. 15.

3.2.3 Handlungsfehlerkatalog

Das Modell der Handlungsfehlerklassifikation beruft sich auf die unmittelbar durch den Menschen hervorgerufenen Handlungsfehltritte sowie deren Risikoquellen. Ziel der Handlungsfehlerklassifikation ist eine unvoreingenommene Analyse der Handlungsfehler, um eine wirkungsvolle Fehlerprävention zu gewährleisten. Folgende Gesichtspunkte sind hierbei zu berücksichtigen:

- **Konsequenz** (Produktunzulänglichkeit)
- **Referenzort des Auftretens** (Fertigung/Montage, Arbeitsplatz/Prozess)
- **Ursprung** (Konstruktion, Planung, Fertigung)
- **Ausprägung** (systematisch, in unregelmäßigen Abständen widerkehrend, unvorhersehbar, zufällig)
- **Zweckbestimmende Tätigkeiten** (Gestaltung des Arbeitsumfeldes)[88]

Handlungselemente vereinen vorbereitende, ausführende und überwachende Prozessschritte. Das Bewerkstelligen eines Arbeitsauftrages beruht auf der zweckgebundenen Ausführung von Tätigkeiten durch Mitarbeiter. Ausgangspunkt für die Umsetzung der Aufgabe ist die im Gehirn des Menschen ablaufende Informationsaufnahme, -verarbeitung und -umsetzung. Die von den Beschäftigten aufgenommen Informationen bezüglich des Arbeitsauftrages, im Sinne von Informationsverarbeitung und -umsetzung, können variieren. Aus diesem Grund offenbaren sich Handlungsfehler in Form von:

- **Vorbereitungsfehlern**
- **Ausführungsfehlern** oder/und
- **Kontrollfehlern**[89]

Diese drei Fehlerphasen können voneinander abhängig sein. Handlungsfehler, welche in der Vorbereitungsphase unbewusst begangen werden, wirken sich nun negativ auf die Ausführungsphase aus. Von einem Fehlerrückkopplungs-Effekt spricht man bei Fehlern, die bei der Ausführung oder sogar erst bei der Kontrolle entdeckt werden und deren Fehlerquellen bereits in der Vorbereitungsphase liegen.[90]

---

[88] Vgl. Algedri / Frieling (2001), S. 15 ff.
[89] Vgl. Träger (2008), S. 32.
[90] Vgl. Algedri / Wege (2014), S. 15.

Handlung	Fehlerarten
Vorbereitung	Informationsfehler (VO) Wissensfehler (VO) Wahrnehmungsfehler (VO) Gedächtnisfehler
Ausführung	Informationsfehler (AU) Wissensfehler (AU) Vertauschungsfehler Auslassungsfehler Hinzufügungsfehler Positionierungsfehler Reihenfolgefehler Zeitfehler Zeitpunktfehler Mengenfehler
Kontrolle	Informationsfehler (KO) Wissensfehler (KO) Urteilsfehler Wahrnehmungsfehler (KO) - Beobachtungsfehler - Erkennungsfehler

Abb. 7: Handlungsfehlerklassifikation.
Quelle: In Anlehnung an Träger (2008), S. 32.

3.2.3.1 Vorbereitungsfehler

In der Vorbereitungsphase wird der auszuführende Auftrag einer analytischen Betrachtungsweise, im Hinblick auf Arbeitsablauforganisation und Ressourceneinsatz, unterzogen. Entsprechend werden erforderliche Handlungen zur optimalen Erreichung des Ziel-Zustandes der Arbeitsaufgabe vorbereitet.[91]

Informationsfehler: Die zur Vorbereitung eines Arbeitsganges signifikanten Informationen (mündlich, schriftlich) sind entweder nicht verfügbar oder inhaltlich fehlerhaft.

Beispiel: *Die Arbeitsanweisung ist nicht mehr auf dem aktuellen Stand.*[92]

---

[91] Vgl. Algedri / Wege (2014), S. 15.
[92] Vgl. Algedri / Frieling (2001), S. 17.

Wissensfehler: Die fachlichen Qualifikationen einer ausführenden Person reichen nicht aus um den Handlungsvorgang angemessen analysieren zu können.

Beispiel: *Der agierende* Mitarbeiter *kann die Symbole einer technischen Zeichnung nicht deuten bzw. interpretieren.*[93]

Wahrnehmungsfehler: Die aus dem Prozess erzeugten Informationen werden vom Individuum aufgrund von visuellen, auditiven oder haptischen Defiziten übersehen, oder falsch aufgefasst.

Beispiel: *Ein Mitarbeiter soll einen Geschmackstest/Geruchstest/Gehörtest vollziehen, hat aber keinen Geschmack oder Allergien. Ein Mitarbeiter soll eine Farbkontrolle durchführen, hat jedoch eine Rot-Grün-Schwäche.*[94]

Gedächtnisfehler: Die überschaubare Merkfähigkeit eines humanitären Kurzzeitgedächtnisses äußert sich mit dem Entfall von Informationen, deren Integration in den Vorbereitungsprozess von relevanter Bedeutung ist.

Beispiel: *Einem Mitarbeiter entfallen während der Handlungsvorbereitung bedeutende Information. Dies führt irrtümlicherweise zur falschen Werkzeugauswahl.*[95]

3.2.3.2 Ausführungsfehler

Nachdem der Mensch die Vorbereitungsphase abgeschlossen hat wird versucht, mithilfe von Ausführungstätigkeiten, die angestrebten Soll-Werte zu realisieren.[96]

Informationsfehler: Signifikante Daten zur Ausführung einer Tätigkeit sind nicht vorhanden oder fehlerhaft.

Beispiel: *Die Tätigkeiten beruhen auf einer defizitären Arbeitsanweisung.*[97]

Wissensfehler: Fachliche Kompetenzen des handelnden Mitarbeiters reichen nicht aus um den Handlungsablauf vorschriftsmäßig erfüllen zu können.

Beispiel: *Eine Person trägt keine Handschuhe beim Berühren von Aluminiumteilen. Durch den Schweiß kann Rost an den Erzeugnissen entstehen.*[98]

---

[93] Vgl. Algedri / Frieling (2001), S. 17.
[94] Vgl. Algedri / Frieling (2001), S. 17.
[95] Vgl. Algedri / Frieling (2001), S. 17 ff.
[96] Vgl. Algedri / Frieling (2001), S. 18.
[97] Vgl. Algedri / Frieling (2001), S. 18.

Vertauschungsfehler: Handelnde Personen vertauschen ein zu bearbeitendes Objekt.

Beispiel: Der Betroffene hat fälschlicherweise einen fehlerhaften Wert von einer Skala abgelesen. Ebenso kann der Mitarbeiter fälschlicherweise ein fehlerhaftes Teil greifen.[99]

Auslassungsfehler: Ein Mitarbeiter vergisst die Ausführung eines (essentiellen) Schrittes für den Gesamtprozess.

Beispiel: Der Handelnde Akteur führt nach Schritt eins irrtümlicherweise Schritt drei aus. Der zweite Schritt wurde übersprungen und wird nicht nachgeholt.[100]

Hinzufügungsfehler: Fälschlicherweise fügt der Handelnde einen nicht erforderlichen, zusätzlichen Prozessschritt hinzu.

Beispiel: Anstelle von drei notwendigen Handlungsschritten fügt der Handelnde eine vierte Handlungsausführung hinzu.[101]

Positionierungsfehler: Der Mitarbeiter platziert einen Gegenstand an einem räumlich dafür nicht vorgesehen Ort.

Beispiel: In diese Kategorie können auch Zahlenwerte oder Objekte fallen, die an einer falschen Position erfasst werden.[102]

Reihenfolgefehler: Der sequentielle Ablauf ist inkorrekt.

Beispiel: Schritt zwei wird vor Schritt eins ausgeführt.[103]

Zeitfehler: Eine vom Mitarbeiter ausgeführte Handlung nimmt zu wenig bzw. zu viel Zeit in Anspruch.[104]

Beispiel: Zum Abkühlen eines geschmiedeten Teils sind 30 Sekunden vorgesehen. Die verantwortliche Person entnimmt das Teil nach 20 Sekunden aus dem Wasserbad.

---

[98] Vgl. Algedri / Frieling (2001), S. 18.
[99] Vgl. Träger (2008), S. 32.
[100] Vgl. Algedri / Frieling (2001), S. 19.
[101] Vgl. Algedri / Frieling (2001), S. 19.
[102] Vgl. Algedri / Frieling (2001), S. 19.
[103] Vgl. Algedri / Frieling (2001), S. 19.
[104] Vgl. Algedri / Wege (2014), S. 16.

Zeitpunktfehler: Ein Mitarbeiter führt eine Tätigkeit zu einem temporär zu frühen oder zu späten Zeitpunkt durch.

Beispiel: Bevor das Teil zur Sichtprüfung gelangt muss es 30 Minuten abkühlen damit sich kein Qualitätsprüfer Verletzungen zufügt. Der Akteur setzt die Weiterverarbeitung bereits nach nur 20 Minuten fort.[105]

Mengenfehler: Ein Arbeitnehmer liest eine Mengeneinheit fehlerhaft ab oder bemisst diese falsch.

Beispiel: Anstelle von den drei vorgegebenen chemischen Substanzeinheiten werden nur zwei verwendet.[106]

3.2.3.3 Kontrollfehler

Der Kontrolleur überprüft inwiefern die Vorbereitungshandlungen als auch die ausführenden Tätigkeiten, den angestrebten Ziel-Zustand erbracht haben.

Informationsfehler: Kontrollinformationen sind nicht verfügbar. Die Kontrolle wird fehlerhaft vollzogen oder es wird komplett von ihr abgesehen.

Beispiel: Die Kontrolle kann aufgrund einer fehlerhaften Beschreibung des Überprüfungsmerkmals nicht ordnungsgemäß stattfinden.[107]

Wissensfehler: Der kontrollierende Mitarbeiter hat Qualifikationsdefizite im Hinblick auf signifikante Überprüfungsmerkmale eines Objektes. Die Folge von Wissensfehlern können Urteilsfehler sein.

Beispiel: Ein neuer Mitarbeiter kann die Relevanz bestimmter Merkmalswerte, aufgrund von unzureichender Arbeitsunterweisung, nicht genau deuten.[108]

Urteilsfehler: Der Handelnde erkennt die Merkmalswerte eines Objektes, agiert jedoch im Rahmen der Qualitätsprüfung zu penibel bzw. ist zu tolerant.

Beispiel: Ein neuer Qualitäts- und Sichtprüfer beurteilt fälschlicherweise ein reguläres Teil als Ausschuss.[109]

---

[105] Vgl. Algedri / Frieling (2001), S. 19.

[106] Vgl. Algedri / Frieling (2001), S. 20.

[107] Vgl. Algedri / Wege (2014), S. 16.

[108] Vgl. Algedri / Frieling (2001), S. 20.

[109] Vgl. Algedri / Frieling (2001), S. 20.

Wahrnehmungsfehler: Die erzeugten Informationen werden vom Individuum aufgrund von visuellen, auditiven oder haptischen Defiziten übersehen, oder falsch aufgefasst.

Beispiel: Eine verschmutzte Kontrollanzeige lässt dem Akteur das Ablesen von Werten nur erahnen.[110]

Die Ausprägungen von Wahrnehmungsfehlern können sowohl als Beobachtungs- oder Erkennungsfehler auftreten.

- **Beobachtungsfehler**: Signifikante Faktoren des Ist-Zustandes werden unzureichend geprüft. Aufgrund von Zeitmangel entgeht dem kontrollierenden Akteur ein Wert beim Ablesen einer Skala.
  Beispiel: Der Handelnde übersieht wichtige Werte oder überhört Signale.[111]

- **Erkennungsfehler**: Besonderheiten eines zu kontrollierenden Objektes können nicht ausreichend erkannt werden.
  Beispiel: Die Beleuchtung für die Sichtprüfung von Teilen ist nicht ausreichend.[112]

Eine logische Ablaufstruktur, umrandet von optimaler zeitlicher Einteilung, ist die Grundvoraussetzung eines Prozessablaufs. Aufgabe der Prozessplaner ist die Analyse der Tätigkeit im Hinblick auf Komplexitätsgrad, Koordination, sowie die zur Verfügung stehenden Ressourcen. Der Planende muss sich mit den möglichen Handlungsfehlern auseinandersetzen. Die Interdependenzen zwischen den Sequenzen Vorbereitung, Ausführung und Kontrolle haben zur Folge, dass Fehler mit zeitlicher Verzögerung auftreten. Dieses Merkmal ist unbedingt vom Prozessplaner zu beachten. Besonders relevant ist die Handlungsfehlerklassifikation im Rahmen der Handlungsfehler-Ursachenanalyse.[113]

---

[110] Vgl. Algedri / Frieling (2001), S. 21.
[111] Vgl. Algedri / Frieling (2001), S. 21.
[112] Vgl. Algedri / Frieling (2001), S. 21.
[113] Vgl. Algedri / Frieling (2001), S. 22.

3.3 Hergang einer Human-FMEA

Der Prozesshergang der Human-FMEA besteht aus drei korrelierenden Analysestadien:

1. **Produktfehleranalyse**
2. **Handlungsfehler-Ursachenanalyse**
3. **Ableitung von Gestaltungsanforderungen**[114]

In jeder dieser Phasen befinden sich adäquate Instrumente zur Konzipierung, Evaluierung oder Verarbeitung von relevantem Datenmaterial. Die Kooperation zwischen Führungskräften und Arbeitnehmern gilt als signifikante Maxime für eine reibungslose Implementierung der Human-FMEA.[115] Auf Basis eines offenen Kommunikationsklimas, in dem Fehler angesprochen und als Erkenntnisquelle gesehen werden, fungiert die Mitarbeiterpartizipation als Lern- und Optimierungsprozess.[116] Diese Fehlertoleranz fördert die Fehlerkultur im Unternehmen. Die Human-FMEA ist also nicht nur ein Instrument zur Fehlerprävention. Vielmehr trägt sie zur Kompetenzentwicklung einer Person, im Hinblick auf das Zusammenspiel von Mensch, Maschine, Arbeitsorganisation und Arbeitsgegenstand, bei.[117]

3.3.1 Produktfehleranalyse

„(...) Die Produktfehleranalyse befasst sich mit der Erfassung, Klassifizierung, Visualisierung, Vernetzung, Gewichtung und Selektion von relevanten Produktfehlern, Prozessen und Handlungen."[118] Die PF–A bildet die Basis für die Untersuchung der Fehlerquellen. Des Weiteren erarbeitet sie grundlegende präventive Maßnahmen zur Minimierung des Produktfehlerrisikos.[119]

Um die Auslöser für Produktunzulänglichkeiten zu entlarven, fungieren spezifische Instrumente zur Informationserfassung und Auswertung. Eine Auswahl der o.g. systematischen Analyseschritte zur Fehlerprävention wird im Rahmen dieser Bachelorarbeit inspiziert.

---

[114] Vgl. Frieling et al. (2003), S. 8.
[115] Vgl. Algedri / Frieling (2001), S. 24 ff.
[116] Vgl. Frieling et al. (2003), S. 8.
[117] Vgl. Frieling et al. (2001), S. 13 ff.
[118] Algedri / Frieling (2001), S. 25.
[119] Vgl. Schäfer et al. (2007), S. 251.

3.3.1.1 Prozessablauf-Analyse

Im ersten Schritt der Produktfehleranalyse erfolgt die Auswahl eines kritischen Unternehmensbereiches (z. B. Montage/Fertigung) anhand von Faktoren wie Nacharbeit, Reklamation, Ausschuss.[120] Darauf aufbauend ist die Erstellung eines Qualitätszirkels für die Durchführung einer Human-FMEA unabdingbar. Ein Qualitätszirkel ist eine Gruppe von Mitarbeitern die regelmäßig im Rahmen eines Qualitätsaudits zusammentrifft. Schwachstellen, im Sinne von fehlerbehafteten Vorgängen, unterziehen sich einer filigranen Analyse. Anhand von kreativen Verbesserungs- und Lösungsvorschlägen, soll ein Höchstmaß an Qualität gewährleistet werden.[121]

Hintergrund der Darstellung von Prozessabläufen ist die Lokalisierung der Fehlerherkunft sowie der Fehlerentfaltung, d. h. in welchem Prozessschritt ist der Fehler entstanden und welche Auswirkungen hat er, im Bezug zur Abhängigkeit, auf vorrangegangene bzw. nachgelagerte Prozesse.[122]

Signifikantes Datenmaterial von Prozessabläufen wird nun in Form einer transparenten Tabelle registriert. Als Beispiel nehmen wir das manuelle Mischen von Farbe. Folgende Komponenten befinden sich im Tableau:

- **Prozessnummer**
- **Prozessphase**
- **Prozessfunktion**: Handlungsabläufe bzw. Arbeitsaufgaben anhand eines Arbeitsplans
- **Prozessvorgänger**: Prozesse/Teilprozesse/Handlungen die vor dem betrachteten Prozess stattfinden
- **Prozessnachfolger**: Prozesse/Teilprozesse/Handlungen die sich an den betrachteten Prozess anschließen
- **Dauer**: zeitliche Ausdehnung der relevanten Prozessfunktion in Sekunden, Minuten oder Stunden.[123]

---

[120] Vgl. Frieling et al. (2003), S. 8.
[121] Vgl. Kamiske / Brauer (2006), S. 248 ff.
[122] Vgl. Algedri / Frieling (2001), S. 27.
[123] Vgl. Algedri / Frieling (2001), S. 27 ff.

Prozess-Nummer	Prozess-phase	Prozessfunktion	Prozess-vorgänger	Prozess-nachfolger	Dauer (Minuten)
1	1	A mischen	-	3	120
2	1	B mischen	-	3	10
3	2	A und B zusammenfügen	1, 2	4, 5, 6	50
4	3	C hinzufügen	3	5, 6	5
5	3	D hinzufügen	3, 4	6	15
6	4	AB, C und D mischen	4, 5	-	35

Tab. 2: Erfassung der Prozessabläufe.
Quelle: In Anlehnung an Algedri / Frieling (2001), S. 27.

Zunächst wird dem jeweiligen Prozess, abhängig von der Sequenz, eine **Prozessnummer** zugeteilt. Als nächstes erfolgt eine Zerlegung der Abteilung in **Prozessphasen**. Gleichartig ablaufende Prozesse werden analog zur gleichen Prozessphase zugeordnet. Das Mischen von Farbe A ist unabhängig vom Mischen der Farbe B, kann somit parallel abgehandelt werden und wird als eine Prozessphase angesehen. Nachfolgende Prozesse werden verschiedenen Prozessphasen zugeteilt. Eine kurze Schilderung der Prozesse/Teilprozesse/Handlungen erfolgt in der Spalte **Prozessfunktion**. Der Fokus der Rubrik **Prozessvorgänger** liegt auf den Handlungen, die vor dem betrachteten Prozess stattfinden. Handlungen, die nach dem betrachteten Prozess ablaufen, werden als **Prozessnachfolger** bezeichnet. Die zeitliche Ausdehnung des Prozess wird in der Rubrik **Prozessdauer** (minutiös) erfasst.[124]

Für die Erstellung der Prozessabläufe kann man sich auf bereits bestehende Daten sowie Arbeitspläne und Ablaufschemata berufen. Veraltete oder technisch überholte Informationen sind als eher kontraproduktiv anzusehen. Diesbezüglich ist es unabdingbar für die Produktfehleranalyse aktuelles, transparentes, kontinuierliches, aussagekräftiges und vollständiges Datenmaterial zu erheben.[125]

---

[124] Vgl. Algedri / Frieling (2001), S. 28.
[125] Vgl. Algedri / Frieling (2001), S. 28 ff.

3.3.1.2 Der Vorranggraph

Ein geeignetes Instrument, welches die Korrelation von vor- und nachgelagerten Prozessabläufen grafisch visualisiert, ist der Vorranggraph.[126] Die Nutzung eines Vorranggraphen ist für die Handlungsfehler-Ursachenanalyse unabdingbar, da alle Handlungen während der Prozesse auf Fehler untersucht werden müssen.

1 → 2	Prozess 2 ist abhängig von der Ausführung des Prozesses 1.
1 2	Die Prozesse 1 und 2 sind unabhängig voneinander. Jeder Prozess kann für sich allein ausgeführt werden.
1 ↘ 3 2 ↗	Prozess 3 ist abhängig von der Ausführung der Prozesse 1 und 2. Kann einer der beiden Prozesse nicht ausgeführt werden, so kann Prozess 3 ebenfalls nicht stattfinden.

Abb. 8: Symbolik eines Vorranggraphen.
Quelle: In Anlehnung an Algedri / Frieling (2001), S. 29.

Die Grafik strukturiert anhand der Pfeile die Anordnungsbeziehungen sowie die Fertigungs- und Montagflussrichtung der verschiedenen Prozessnummern.[127] Die Pfeilsymbolik kennzeichnet eine terminierte Sequenzbeziehung zwischen den Prozessabläufen. Sogleich können Prozessabhängigkeiten, welche für die Erstellung eines (Teil-)Produktes unverzichtbar sind, dargestellt werden.[128] Nebenbei sollten automatisierte, teilautomatisierte und manuelle Prozesse durch Farbgebung übersichtlicher gestaltet werden.[129]

Generierung eines Vorranggraphen

- Auf Grundlage der o.g. Symbolik voneinander unabhängige Prozesse untereinander zeichnen
- Verknüpfung von vorhergehenden und anschließenden Prozessen mittels Pfeilsymbolik unter Berücksichtigung der Ausführungsabhängigkeit

---

[126] Vgl. Frieling et al. (2003), S. 8.

[127] Die erste Zeile der Abbildung bedeutet somit, dass es mindestens 2 Prozessphasen geben muss. Die zweite Zeile besagt, dass es lediglich eine Prozessphase gibt, da beide parallel ausgeführt werden könnten.

[128] Vgl. Hermann / Fritz (2011), S. 171.

[129] Vgl. Algedri / Frieling (2001), S. 29.

- Quantifizierung der Prozessphase durch Zuordnung eines Zeitrangwertes, auf Basis der Zehner-Regel der Fehlerkosten[130]

Mittels Einführung eines Zeitrangwerts T_i wird die Entstehung bzw. Entfaltung eines Produktfehlers und das Ausmaß auf die Fehlerkosten berücksichtigt. Die Kombination zwischen Vorranggraph und den daraus resultierenden Prozessphasen ergibt die Zeitrangbestimmung. Der Zeitrangwert des zu untersuchenden Prozesses ist umso höher, je mehr Prozesse vor dem betrachteten liegen.[131]

Berechnung des Zeitrangwertes T_i

- **Prozessnummer**: Die in der Prozessphase stattfindenden Prozessnummern.

- **Zeitrangwert**: Der Zeitrangwert wird durch die Prozessphase bedingt. Er ist umso höher, je später ein Prozess stattfindet. Zur Berechnung liegt die Formel $T_i = 10^{\text{Prozessphase} - 1}$ zu Grunde.

Prozessphase	Phase 1	Phase 2	Phase 3	Phase 4
Prozessnummer	1, 2	3	4, 5	6
Ti = 10Prozessphase-1	1	10	100	1000

Tab. 3: Bestimmung des Zeitrangwertes.
Quelle: In Anlehnung an Algedri / Frieling (2001), S. 30.

Unter Berücksichtigung der Bearbeitungsreihenfolge der Tätigkeiten kann nun der Vorranggraph generiert werden. Materielle Prozesse sind zumeist geprägt von technologischen Vorgängen. Aus diesem Grunde entsteht automatisch eine Ablaufreihenfolge. Diese besagt welche vorhergehenden Prozesse abgeschlossen sein müssen, damit der sich anschließende Arbeitsgang begonnen werden kann.[132] Insgesamt trägt der Vorranggraph zur Prozess-Struktur-Transparenz bei und unterstützt somit die Analyse von prozessbezogenen Fehlerdaten.[133] Im Bezug zur oben angeführten Tabelle, ergibt sich folgender Vorranggraph:

---

[130] Vgl. Algedri / Frieling (2001), S. 29 ff.
[131] Vgl. Algedri / Frieling (2001), S. 27.
[132] Vgl. Bogaschewsky / Rollberg (1998), S. 223.
[133] Vgl. Bogaschewsky / Rollberg (1998), S. 223 ff.

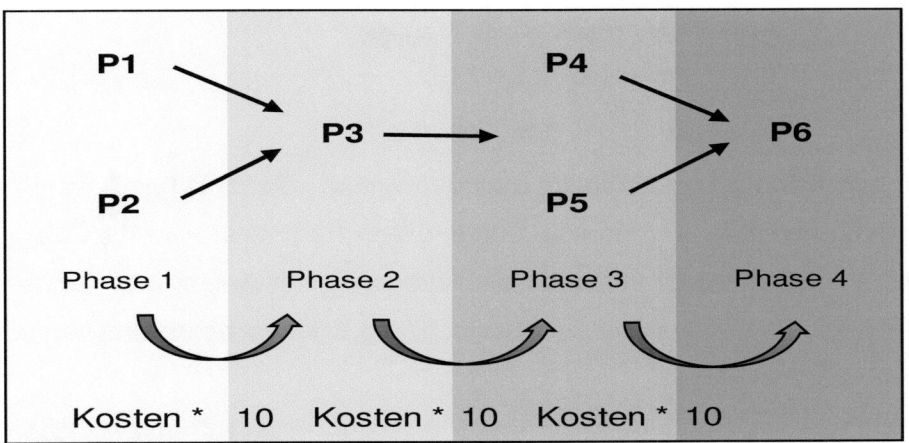

Abb. 9: Vorranggraph.
Quelle: In Anlehnung an Algedri / Frieling (2001), S. 30.

3.3.1.3 Produktfehler–Erfassungsbogen (PF-EB)

Der Produktfehler-Erfassungsbogen dient zur Quantifizierung der prozessbezogenen Fehlerhäufigkeiten. Produktunzulänglichkeiten sollten so präzise und differenziert wie möglich betrachtet werden. Aus diesem Hintergrund werden zunächst alle bekannten und archivierten Produktmängel protokolliert. [134]

Folgende Komponenten sollten Teil des PF–EB sein:

- **Bereich/Abteilung, Auftragsnummer, Losgröße**
- **Produkt**
- **Datum/Schicht**
- **Prozess/Teilprozess**: Arbeitsprozesse exakt benennen.
- **Produktfehler PF_i**: Produktfehler präzise und differenziert formulieren.
- **Prozessbezogene Fehlerhäufigkeit h_i**: Gesamtheit der Produktmängel pro Prozess unter Verwendung von Zeiteinheiten: z. B. Fehlerhäufigkeit pro Stunde/Tag/ Woche.
- **Steuerungszahl SZ**: Ein Indikator für die maximale Toleranzgrenze von Produktfehler-Häufigkeiten[135]. Der Schweregrad eines Fehlers lässt sich anhand unternehmensspezifischer Kennziffern determinieren. Als Klassifizierung für die maximale Fehlerhäufigkeit bietet sich z. B.:

---

[134] Vgl. Algedri / Frieling (2001), S. 31.
[135] Schwere Fehler sollen weniger auftreten als geringe Fehler.

$\rightarrow$ schwerer (s) Fehler = 1

$\rightarrow$ mittlerer (m) Fehler = 2 – 3

$\rightarrow$ geringer (g) Fehler = 4 – 5 an.

- **Kontrollmerkmal**: Bezeichnet die Eigenschaft, die besonders in der Kontrolle überprüft werden soll. Durch diesen Parameter wird die Fähigkeit verbessert Fehler aufzudecken. Latente Fehler weisen auf Defizite im PF–EB hin und haben eine Überarbeitung bzw. Verbesserung dieses Formblattes zur Folge.

- **Bemerkungen**: Dokumentation und Präzisierung von außerordentlichen Prozessabläufen und neuartigen Fehlerquellen.

- **Reparatur/Ausschuss**

Produktfehler - Erfassungsbogen PF - EB											
Produkt/Typ: .... Stückzahl: .... Auftragsnummer: .... Kunde:											
Datum: .... Schicht: .... früh O spät O nacht O Name (Kontr.):											
Prozess 1				**Prozess 2**				**Prozess 3**			
Pfi	**hi**	**SZ**	**KM**	**Pfi**	**hi**	**SZ**	**KM**	**Pfi**	**hi**	**SZ**	**KM**
PF 1	3	2 (m)	Lasche	PF 4	4	2 (m)	Körnung	PF 7	2	1 (s)	Festigkeit
PF 2	1	2 (m)		PF 5	2	1 (s)		PF 8	3	2 (m)	
PF 3	4	3 (g)		PF 6	2	1 (s)		PF 9	2	4 (g)	
Bemerkung:				*Bemerkung:*				*Bemerkung:*			
Kontrolle Prozess 1 Reparatur: .... Ausschuss:				Kontrolle Prozess 2 Reparatur: .... Ausschuss:				Kontrolle Prozess 3 Reparatur: .... Ausschuss:			
PF = Produktfehler, **h** = Häufigkeit, **SZ** = Steuerungszahl (**s** = schwer, **m** = mittel, **g** = gering), **KM** = Kontrollmerkmal											

Formblatt 1: Prozessbezogener Produktfehler–Erfassungsbogen.
Quelle: In Anlehnung an Algedri /Frieling (2001), S. 33.

Zusammenfassend muss sich der PF–EB einer ständigen Weiterentwicklung und Ergänzung unterziehen. Die Ausprägungen von Fehlern können umso größer sein, je komplexer ein Prozessablauf aufgebaut ist. Deshalb sollten Arbeitnehmer verstärkt an der Entlarvung, Analyse und Dokumentation von Fehlern beteiligt sein. Fachliche Kompetenzen sowie die Fehlerkultur im Unternehmen werden durch diese Mitarbeiterpartizipation gestärkt.

3.3.1.4 Illustration von Produktfehlern

Mittels einer optischen Darstellung (Foto), sowie einer exakten Fehlerbeschreibung, erfolgt ein einvernehmliches Fehlerverständnis für die Beschäftigten. Eine Visualisierung von Fehlern steigert indes das Qualitätsbewusstsein durch aufmerksamere Qualitätskontrollen.[136]

Abteilung/Schicht:	**Human - FMEA**	H-FMEA-Nr.:	
		Datum:	
Arbeitsplatz/Prozess:	**Visualisierung von Produktfehlern**	Verantw.:	LOGO
		Änderungsstand:	
Aufgabe/Funktion:	Artikel/Produkt:	Blatt-Nr.:	

Beschreibung des Fehlers: Der maximale Toleranzwert des Innenrings liegt bei 15 mm.

Schaubild des Fehlers:

Kontrollmerkmale:

Fehlererkennung:

Wichtige Hinweise:

Sonstiges:

Formblatt 2: Visualisierung eines Produktfehlers.
Quelle: Selbsterstellung.
Bildquelle: Svend Hoyer GmbH (Hrsg.) (13.12.2013): Qualitätskontrolle in der Praxis.

---

[136] Vgl. Frieling et al. (2003), S. 8.

3.3.1.5 Produktfehler–Verkettungsanalyse (PF–VA)

Prozessübergreifend fokussiert sich diese Methodik auf die temporal und örtlich auftretende Vermehrung von Produktunzulänglichkeiten. Hier soll differenziert dargestellt werden, wie Fehler gegenseitig aufeinander einwirken und welche Ursachen eine Fehler-Fortpflanzung bedingen.[137]

Fault Tree Analysis (FTA)

Die Fehlerbaumanalyse[138] ist eine Veranschaulichung von logisch aufgegliederten Produktkomponenten, die Fehler auslösen könnten. Diese grafische Illustration soll die mehrfache Verkettung von Fehlern und Folgefehlern visualisieren.[139] Ratsam bei der Erstellung eines Fehlerfolgebaumes ist eine Unterteilung in drei Fehlerlevel. Auf der ersten Ebene wird der zu untersuchende Produktfehler betrachtet. Die nächste Stufe evaluiert die direkten Folgefehler aus der Produktfehleranalyse. Im letzten Schritt werden die Fehler aus den Folgefehlern inspiziert. Abbildung zehn zeigt die Struktur einer Fehlerbaumanalyse.[140]

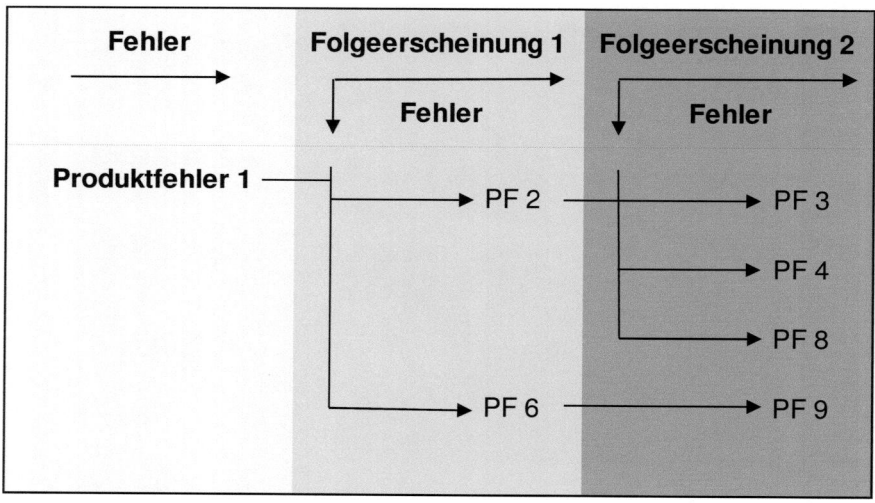

Abb. 10: Fehlerfolgebaum.
Quelle: In Anlehnung an Algedri / Frieling (2001), S. 37.

---

[137] Vgl. Schäfer et al. (2007), S. 252.
[138] Englisch: Fault Tree Analysis.
[139] Vgl. Werdich (2012), S. 158.
[140] Vgl. Algedri / Frieling (2001), S. 37.

Beispiel für eine FTA

Angenommen eine Autotür lässt sich nicht öffnen, weil die elektrische Zentral-verriegelung nicht funktionstüchtig ist, oder der mechanische Türgriff klemmt. Zwei redundante Schalter dienen zur Funktionstüchtigkeit des elektrischen Tür-öffners. Sollten sowohl Schalter 1 als auch Schalter 2 nicht funktionieren, ver-sagt als Folge der elektrische Türöffner.[141]

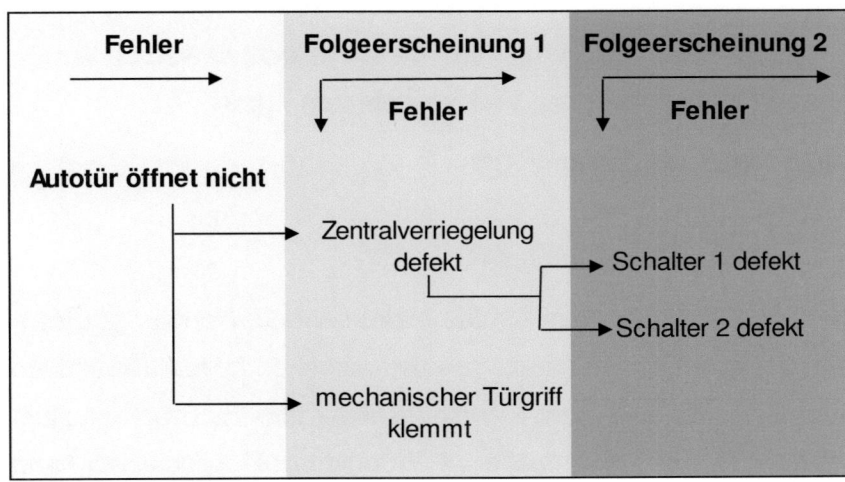

Abb. 11: Beispiel für einen Fehlerfolgebaum.
Quelle: In Anlehnung an Werdich (2012), S. 159.

Im Rahmen einer detaillierten Analyse der Fehler-Fortpflanzung kommt es, bei der Zerlegung von Fehlhandlungen in Teilhandlungen, zu Fehlern. Grundereig-nisse, welche nicht mehr aufgegliedert werden können, sind im Hinblick auf die FTA z. B. menschliches Versagen oder fehlerhafte Materialverwendung. Ist man an diesem Punkt angelangt, so wird die Analyse beendet. Demzufolge könnte der Fehlerfolgebaum theoretisch so lange fortgeführt werden, bis am Ende nur noch Grundereignisse aufgelistet sind.[142]

Die vollständige, aussagekräftige und einwandfreie Dokumentation der Daten aus der Produktfehleranalyse, ist die Grundlage für die Analyse der fehlerauslö-senden Bedingungen. Nebenbei wird im Folgenden die Definition eines Pro-duktfehlers präzisiert.

---

[141] Vgl. Werdich (2012), S. 159.
[142] Vgl. Werdich (2012), S. 158.

„(…) Nach § 3 ProdHaftG hat ein Produkt dann einen Fehler, wenn es nicht die Sicherheit bietet, die unter Berücksichtigung aller Umstände, insbesondere

1. seiner Darbietung (d. h. Präsentation des Produkts nach außen, wie z. B. Etikettierung, Verpackung, Gebrauchsanweisung, Bedienungs- oder Montageanleitung, Werbung, Anpreisung, Verkaufsgespräche etc.),

2. des Gebrauchs, mit dem billigerweise gerechnet werden kann, (das kann auch ein bestimmungswidriger Gebrauch sein, sofern mit ihm nach allgemeiner Lebenserfahrung „vernünftigerweise" gerechnet werden kann),

3. des Zeitpunkts, in dem es in den Verkehr gebracht wurde,

berechtigterweise erwartet werden kann."[143]

3.3.2 Handlungsfehler–Ursachenanalyse (HU-A)

Im Fokus der H–FMEA steht als signifikantes Instrument die Handlungsfehler–Ursachenanalyse. Sie bildet das Verbindungsstück zwischen fehlerauslösenden Rahmenbedingungen für Produkt- bzw. Handlungsfehler und der Ergreifung von Korrekturmaßnahmen.[144] Die Fehlerquelle für Produktunzulänglichkeiten kann sowohl auf technischer und/oder organisatorischer und/oder personeller[145] Fehlgestaltung des Arbeitssystems beruhen und somit Handlungsfehler begünstigen.[146]

Es schließt sich nun eine übersichtliche Abarbeitung der Bestandteile an:

- **Handlungsorientierte Ist–Zustandsanalyse**
- **Handlungsfehleranalyse**
- **Ursachenanalyse.**[147]

3.3.2.1 Handlungsorientierte Ist–Zustandsanalyse

Selektierte Produktmakel, dazugehörige Prozessabwicklungen, sowie die Auswahl besorgniserregender (Teil-)Handlungen bilden das Fundament dieser Analysemethodik.[148]

---

[143] Schmitt / Pfeifer (2010), S. 427 ff.
[144] Vgl. Schäfer et al. (2007), S. 254.
[145] Falscher Einsatz der Mitarbeiter bzw. mangelnde Qualifikation der Arbeitskräfte.
[146] Vgl. Quality Engineering (Hrsg.) (01.09.2000): Fehlervermeidung mit System.
[147] Vgl. Algedri / Frieling (2001), S. 51.
[148] Vgl. Schäfer et al. (2007), S. 254.

Die technisch-informatorischen Arbeitsmittel[149] für die Operationsausführung werden in Form von Arbeitsanweisungen, Prozessplänen oder Arbeitsutensilien bereitgestellt.[150] Um Schwachstellen aufzudecken, wird in einem nächsten Schritt überprüft ob die Objekte verfügbar, nicht verfügbar, oder fehlerbehaftet sind. Exakte Beschreibungen und Informationstransparenz des Erfassungsbogens sind für die weitere Analyse der Handlungsfehler-Ursachen zwingend erforderlich.[151]

Handlungsorientierte Ist-Zustandsanalyse							H-FMEA-Nr.:		
Abteilung: Montage			Änderungsstand:		Verantwortung:			Datum:	
Arbeitsplatz/ -prozess: A mischen					Produktfehler: PF 1, PF 2, PF 3				
Handlung	Operation	D	H	PF	Objekt	Status: Objekt verfügbar?			
						Ja	Nein	Fehlerart	Kommentar/Hinweis
Vorbereitung: Komponenten zusammenstellen	Informationen lesen	10	5	PF 1	Arbeitsplan			x	Arbeitsplan verfügbar, aber nicht aktuell
Ausführung: Komponenten mischen	Reinigung der Maschine durchführen	10	1	PF 2	Wartungsplan		x		Wartungsplan nicht verfügbar
	Bestandteile holen	5	10	PF 1	Kommissionier-liste	x			Liste zu eng gedruckt
Kontrolle: Schichtdicke	Ablesen der Schichtdicke von einer Skala	5	2	PF 3	Skalenanzeige			x	Skaleneinträge unleserlich, erschwert das Urteil

Formblatt 3: Erfassungsbogen handlungsorientierte Ist-Zustandsanalyse.
Quelle: In Anlehnung an Algedri / Frieling (2001), S. 52.

Analysehergang des Ist-Zustandes

Einige Punkte in der Spalte sind selbsterklärend und brauchen somit nicht erläutert zu werden. Die restlichen Komponenten werden kurz und prägnant beschrieben:

- **Produktfehler (PF)**: Schilderung des Mangels, sowie Darstellung des verantwortlichen Arbeitsprozesses.

- **Dauer (D)** in Minuten und **Häufigkeit (H)**: Welchen zeitlichen Umfang hat eine kritische Handlung und wie oft tritt sie auf?

- **Objekt**: Operation-Objekt-Kombination. Mit welchem Objekt erfolgt die Durchführung von Operationen? Um beispielsweise Arbeitsinformationen

---

[149] Arbeitsmittel werden fortan als „Objekte" bezeichnet, die in materieller und immaterieller Form auftreten können.
[150] Vgl. Frieling et al. (2003), S. 9.
[151] Vgl. Algedri (2001), S. 53.

(Operation) lesen zu können muss der Arbeitsplan (Objekt) angeschaut werden.

- **Kommentar/Hinweis**: Identifikation von Schwachstellen. Welche Konsequenz hat der Objektstatus, d. h. wie wirken Stress, Informationsdefizite, Lärm und das Klima sich auf den Vollzug von Handlungen aus.[152]

Die aus dem ersten Schritt gewonnenen Informationen werden in einem zweiten Schritt tiefgründig inspiziert.

3.3.2.2 Handlungsfehleranalyse

Das Modell Handlungsfehlerklassifikation (in Kapitel 3.2.3 dargestellt), in welcher unterschiedliche Fehlertypen kategorisiert werden, findet nun Anwendung. Risikoquellen für Handlungsfehltritte können auf unzureichenden Objekten beruhen.[153] Mit Hilfe dieser Fehlerklassifikation lässt sich die Korrelation zwischen Handlungsfehlern und den daraus resultierenden Produktfehlern im Formblatt vier verdeutlichen.[154]

Handlungsfehleranalyse								H-FMEA-Nr.:	
Abteilung: Montage		Änderungsstand:			Verantwortung:			Datum:	
Arbeitsplatz/ -prozess: A mischen					Produktfehler: PF 1, PF 2, PF 3				
Handlung	Operation	D	H	PF	Schwachstelle(n) des Objektes	Umwelt	Handlungs-fehler	Konsequenzen auf den Produktfehler	B
Vorbereitung: Komponenten zusammenstellen	Informationen lesen	10	5	PF 1	Arbeitsplan		Informations-fehler (VO)	Falsche Komponenten zusammengestellt	h
Ausführung: Komponenten mischen	Reinigung der Maschine durchführen	10	1	PF 2	Wartungsplan		Auslassungs-fehler	keine kontinuierliche Reinigung des Produktes	h
	Bestandteile holen	5	10	PF 1	Kommissionier-liste		Vertauschungs-fehler	Teile verwechseln	h
Kontrolle: Schichtdicke	Ablesen der Schichtdicke von einer Skala	5	2	PF 3	Skalenanzeige	Spiegelung	Erkennungs-fehler und Urteilsfehler	äußere Schicht zu dünn	h

Formblatt 4: Erfassungsbogen der Handlungsfehler.
Quelle: In Anlehnung an Algedri / Frieling (2001), S. 55.

Zunächst einmal werden die systematisierten Handlungen, Operationen und Objekte, sowie die Dauer, Häufigkeit und auftretende Produktfehler analog in

---

[152] Vgl. Algedri / Frieling (2001). S. 54.
[153] Vgl. Frieling et al. (2003), S. 9.
[154] Schäfer et al. (2007), S. 255.

den Erfassungsbogen der Handlungsfehleranalyse übertragen. Darüber hinaus werden aus der in Formblatt eins enthaltenen Rubrik „Kommentar/Hinweis" erste Erkenntnisse, im Hinblick auf mögliche Schwachstellen der Objekte, abgeleitet.

Anordnung des Erfassungsbogens[155]

- **Umwelt**: Defizite des Arbeitssystems werden separat konzipiert, um eine transparente Ursachenanalyse zu gewährleisten.

- **Handlungsfehler**: Handlungsfehlerarten werden den betreffenden Handlungen und Operationen zugeteilt. Basis ist die Handlungsfehlerklassifikation.

- **Bewertung (B)**: Die Aufdeckungswahrscheinlichkeit eines Mangels, sowie die Relevanz der Entwicklung eines Produktfehlers stehen hier im Mittelpunkt. Ein Qualitätszirkel operationalisiert separat die Handlungsfehler anhand der Kriterien *g* (*gering*), *m* (*mittel*) oder *h* (*hoch*). Diese Form der Priorisierung ist für die Ursachenanalyse unverzichtbar.[156]

Die aus den beiden ersten Schritten gewonnenen Erkenntnisse werden nun in einem letzten Schritt zusammengefügt.

3.3.2.3 Ursachenanalyse

Diese Methodik stellt den Zusammenhang zwischen den Handlungsfehlern und den fehlerauslösenden Beweggründen, in Form von organisatorischer, ergonomischer und/oder personeller Arbeitssystemgestaltung, her.[157] Anhaltspunkte für das Emporkommen von Fehlern können, auf Basis der in Formblatt zwei bestimmten Schwachstellen, lokalisiert werden.[158] Besonders risikobehaftete Handlungsfehler[159] werden verstärkt untersucht, weil diese aufgrund ihrer Durchführungsdauer und -häufigkeit, sowie ihrem Wiederholungsgrad, die Konsequenzen auf die Produktfehler intensivieren.[160] Menschliche Schwachstellen

---

[155] Da einige Spalten selbsterklärend sind, erfolgt nur die Erläuterung bestimmter Spalten.
[156] Vgl. Algedri / Frieling (2001), S. 56.
[157] Vgl. Frieling et al. (2003), S. 9.
[158] Vgl. Schäfer (2007), S. 255.
[159] Siehe Formblatt 2: Spalte „Bewertung".
[160] Vgl. Algedri / Frieling (2001), S. 56 ff.

können beispielsweise Qualifikationsdefizite, physische Defizite oder Farbschwächen sein.[161]

Ursachenanalyse						H-FMEA-Nr.:		
Abteilung: Montage	Änderungsstand:		Verantwortung:			Datum:		
Arbeitsplatz/ -prozess: A mischen			Produktfehler: PF 1, PF 2, PF 3					
Handlung	Operation	Objekt	Schwachstelle(n) des Objektes/ der Umwelt	Handlungs-fehler	Konsequenzen/ Produktfehler	Ursache		
						Ergonomie	Organisation	Personal
Vorbereitung: Komponenten zusammen-stellen	Informationen lesen	Arbeitsplan	kein aktualisierter Arbeitsplan	Informations-fehler (VO)	Zusammen-stellung falscher Komponenten (PF 1)		keine klare Zuständigkeit	
Ausführung: Komponenten mischen	Reinigung der Maschine durchführen	Wartungsplan	Wartungsplan nicht verfügbar	Auslassungs-fehler	Schmutzrück-stände am Produkt (PF 2)		Informationen nicht weiter-geleitet	Mitarbeiter nicht richtig eingewiesen
	Bestandteile holen	Kommissionier-liste	Kommissionier-liste unüberschaubar	Vertauschungs-fehler	Teile verwechselt (PF 1)	Liste unüber-schaubar		
Kontrolle: Schichtdicke	Ablesen der Schichtdicke von einer Skala	Skalenanzeige	Skalenanzeige schlecht erkennbar; Spiegelung	Erkennungs-fehler; Urteilsfehler	äußere Schicht zu dünn (PF 3)	Skalen zu kontrastarm; ungünstige Skalen-einteilung		

Formblatt 5: Erfassungsbogen Ursachenanalyse.
Quelle: In Anlehnung an Algedri / Frieling (2001), S. 58.

Ausgangspunkte für Handlungsfehler können, anhand der Spalte „**Ursache**", auf ergonomischen, organisatorischen und/oder personellen Rahmenbedingungen beruhen. Ansonsten ist der Aufbau dieses Erfassungsbogens analog zu den Formblättern eins und zwei.

Nachdem nun die Auslöser für Handlungsschwachstellen identifiziert wurden, müssen umgehend präventive Maßnahmen zur Risikominimierung eingeleitet werden. Konkrete Indizien, in Bezug auf fehlerbehaftete Bereiche, können aus der Ursachenanalyse entnommen werden.

4 Gestaltungsmaßnahmen zur Fehlerprävention

Im Mittelpunkt dieses Kapitels steht die Ausarbeitung von Arbeitssystemanforderungen zur Fehlervorbeugung, die an Objekte und Handlungsfehler gekoppelt sind. Risikoevaluation, Änderungs- und Verbesserungsvorschläge, sodass die zugrunde liegenden Fehlerursachen nicht mehr zu Handlungsfehlern führen, werden initiiert. Des Weiteren erfolgt eine intensive Inspektion der ergonomi-

---

[161] Vgl. Schäfer et al. (2007), S. 255.

schen, organisatorischen und personellen Komponenten mit dem Ziel, problem-
lösende Maßnahmen zu erarbeiten.

Die Fehlerverhütung nimmt im Qualitätsmanagement eine entscheidende Position ein und trägt somit zum Unternehmensfortschritt bei. Für den Betrieb ist es
signifikant Fehler in einem frühestmöglichen Stadium zu entlarven, denn nur so
kann die Produktivität gesteigert werden. Latente Fehler, die sich aufgrund von
Fehlerfolgen über den gesamten Prozess erstrecken, haben hohe Ausschusskosten und damit finanzielle Einbußen zur Folgen.[162] „(...) Produktfehler, die in
zeitlich später ablaufenden Prozessen entstehen, bedingen nach der Zehner-
Regel eine Zunahme der Fehlerkosten, d. h. die Kosten für die Fehlerbeseitigung verzehnfachen sich in jeder Phase."[163]

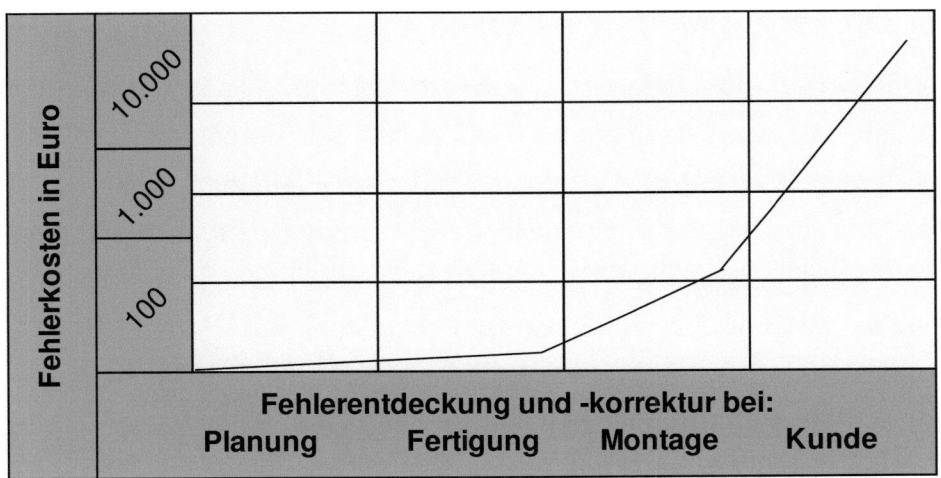

Abb. 12: Exponentieller Kostenanstieg bei später Fehlerbehebung.
Quelle: In Anlehnung an Ebel (2003), S. 57.

Höchste Priorität des Qualitätsmanagements ist die Gewährleistung der Sys-
tem-, Produkt- und Prozessqualität. Darüber hinaus fungiert ein optimales Qualitätsmanagement als Faktor zu Senkung der Qualitätskosten. Im Rahmen eines
sich anschließenden Überblicks der traditionellen und modernen Kostengliederung, werden die Kostenelemente der Qualitätskosten vorgestellt.

---

[162] Vgl. Schmitt / Pfeifer (2010), S. 504 ff.
[163] Algedri / Frieling (2001), S. 27.

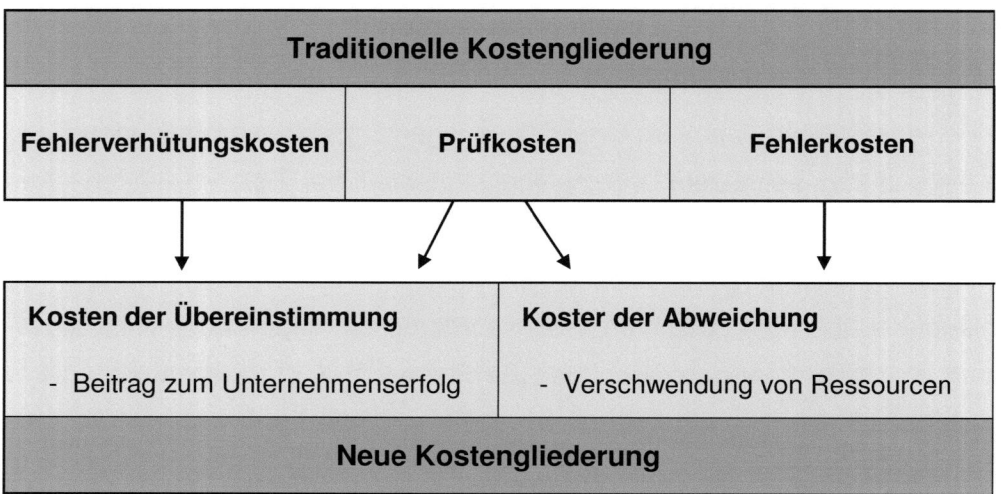

Abb. 13: Neugliederung der Qualitätskosten.
Quelle: In Anlehnung an Schmitt / Pfeifer (2010), S. 510.

- **Fehlerverhütungskosten**: „(...) Als Fehlerverhütungskosten werden die Kosten von qualitätssichernden Maßnahmen zur Verhütung oder Verminderung von Fehlern verstanden."[164] Fehlerverhütungskosten sind beispielsweise qualitätsunterstützende Schulungen, interne Qualitätsaudits, Qualitätsplanung auf Basis bereits bekannter Fehler – also alle Vorbeuge- und Qualitätsmaßnahmen zur Fehlerprävention.[165]

- **Prüfkosten**: „(...) Prüfkosten entstehen durch das für Prüfungen eingesetzte Personal und die zugehörigen Prüfmittel, eingeschlossen die Prüfmittelüberwachung in allen Bereichen der Organisation."[166] In Form von Eingangsprüfungen, Endprüfungen, Beschaffung von Prüfmitteln, Erstellung von Prüfdokumenten etc., kann diese Art der Qualitätskosten auftreten.[167]

- **Fehlerkosten**: „(...) Fehlerkosten werden dadurch verursacht, dass Produkte oder Dienstleistungen die an sie gestellten Qualitätsforderungen nicht erfüllen und die aufgetretenen Fehler behoben oder anderweitig kompensiert werden müssen."[168] Unternehmen nehmen eine Unterteilung in interne und externe Fehlerkosten vor. Intern festgestellter Aus-

---

[164] Schmitt / Pfeifer (2010), S. 506.
[165] Vgl. Herrmann / Fritz (2011), S. 284.
[166] Herrmann / Fritz (2011), S. 284.
[167] Vgl. Hermann (2011), S. 285.
[168] Schmitt / Pfeifer (2010), S. 508.

schuss, interne Nacharbeit, Wiederholungsprüfungen usw. sind interne Fehlerkosten. Externe Fehlerkosten sind Fehler die außerhalb des Unternehmens auftreten, wie Gewährleistung, Garantie, Produkthaftung oder ausgelieferte Produkte die defekt sind.[169]

Die „(...) Kosten der Übereinstimmung (Konformitätskosten) und Kosten der Abweichung (Non-Konformitätskosten) ergaben eine neue, in ersten Ansätzen prozessorientierte, Kostengliederung, die vermeidbare von notwendigen Kosten abgrenzte."[170]

Konformitätskosten: Kosten für präventive Qualitätssicherung.[171]

Non-Konformitätskosten: Korrigierende Kosten, die z. B. im Rahmen von Nachbearbeitung und Garantieleistungen entstehen.[172]

4.1 Die Risiko- und Handlungsprioritätszahl

Da sich die Produktfehleranalyse in der Praxis als sehr komplex, kostenintensiv und umfangreich erweist, findet indes auch ein vereinfachtes Verfahren zur Messung des Produktfehlerrisikos Anwendung. Im Verlauf der Handlungsfehlernanalyse fungiert die Risikoprioritätszahl als ein adäquates Quantifizierungsinstrument.[173]

		Bedeutung		Auftretens-		Entdeckungs-
RPZ	**=**	**(Fehler-**	**x**	**wahrscheinlichkeit**	**x**	**wahrscheinlichkeit**
		folgen)		**(Fehlerursache)**		**(Fehlerursache, -art, -folgen)**

Abb. 14: Berechnung der Risikoprioritätszahl.
Quelle: In Anlehnung auf Hermann / Fritz (2010), S. 179.

Als signifikante Bewertungskriterien zieht das FMEA-Team die Bedeutung (B) des Fehlers, im Hinblick auf den Kundennutzen, die Häufigkeit des Fehlerauftretens (A), sowie die Entdeckungswahrscheinlichkeit (E) des Fehlers vor Kundenauslieferung, in Anbetracht.[174] Jeder der drei Bewertungsfaktoren wird im Rahmen einer Skala von eins bis zehn evaluiert. Sehr hohe Risiken, bezüglich

---

[169] Vgl. Hermann / Fritz (2011), S. 286.
[170] Schmitt / Pfeifer (2010), S. 510.
[171] Vgl. Schmitt / Pfeifer (2010), S. 510 ff.
[172] Vgl. Schmitt / Pfeifer (2010), S. 510 ff.
[173] Vgl. Träger (2008), S. 32 ff.
[174] Vgl. Brückner (2011), S. 226.

der Bedeutung der Kundenzufriedenheit bzw. Kundensicherheit und der Auftretenswahrscheinlichkeit des Fehlers, werden der Risikostufe zehn zugeteilt. Dem gegenüber wird eine sehr hohe Entdeckungswahrscheinlichkeit[175] mit eins taxiert, da sie das Gebrauchsrisiko durch den Kunden minimiert.[176] Die RPZ kann demzufolge einen Wert zwischen 1 und 1000 annehmen. Unterschiedliche Qualitätszirkel werden äquivalente Gegebenheiten differenziert in der RPZ-Skala priorisieren. Allgemein spricht man von der Ableitung geeigneter Maßnahmen ab einer Werteeinstufung von > 100. Ultraschallprüfung oder Röntgen von Teilen, dient zur Erkennung von Fehlern, also wenn Teile intrinsische Mängel aufweisen, die von außen nicht ersichtlich sind.[177]

Kritiker empfinden die Anwendung der RPZ in der heutigen betrieblichen Praxis als überholt und nicht empfehlenswert. Sie ist lediglich ein Anhaltspunkt, jedoch kein aussagekräftiges Instrument zur Fehlerevaluation, wie nachfolgende Beispiele verdeutlichen:[178]

	B	x	A	x	E	=	RPZ
1.	10	x	2	x	2	=	40
2.	3	x	10	x	3	=	90
3.	4	x	4	x	10	=	160

In dieser Konstellation genießt der erste Fall höchste Priorität. Dieser muss sich einer intensiven Inspektion im Rahmen der Human-FMEA unterziehen. Er ist am kritischsten da er ein enormes Sicherheitsrisiko, im Hinblick auf den Kundennutzen, aufweist. Das Nichtauftreten des Fehlers kann nicht ausgeschlossen werden. Die interne Entdeckungswahrscheinlichkeit eines Mangels ist sehr hoch, es können jedoch trotzdem fehlerbehaftete Erzeugnisse beim Kunden entdeckt werden. Der dritte Fall gewährleistet eine 100-prozentige Fehlerentlar-

---

[175] Eine Entdeckungswahrscheinlichkeit von 1 würde bedeuten, dass Fehler intern im Unternehmen vor Kundenweitergabe entdeckt werden. Die Entdeckung eines Fehlers durch externe Kunden deutet auf eine ziemlich hohe Fehler-Priorisierung hin. (Vgl. Träger (2008), S. 32 ff.)

[176] Vgl. Herrmann / Fritz (2011), S. 179.

[177] Vgl. Brückner (2011), S. 225 ff.

[178] Vgl. Werdich (2012), S. 52.

vung. Somit wird dieser Fall in vielen FMEAs gar nicht mehr näher untersucht.[179]

Handlungsprioritätszahl

In einem modifizierten Schritt wurde das Gedankengut aus der konventionellen FMEA übernommen und in den Bereich der Human-FMEA transformiert. Es entsteht eine modifizierte Kennzahl, welche sich auf menschliche Fehlhandlungen fokussiert: die **Handlungsprioritätszahl** (HPZ). Die Berechnung der HPZ erfolgt analog zur RPZ aus dem Produkt von B, A und E. Jede einzelne Variable kann ebenso Werte zwischen 1 und 10 annehmen. Lediglich die Bewertungskriterien sind nun auf humanitäre Fehltritte transformiert und implizieren die Bedeutung (B) des Handlungsfehlers auf den Gesamtprozess, die Häufigkeit des durch den Menschen begangenen Fehlers (A), sowie die Entdeckungswahrscheinlichkeit vor Freigabe des nächsten Prozessschrittes.[180]

Hohe Ausschussraten (bedingt durch ein hohes A) können auf menschlichen Handlungsfehlern im Rahmen des Prozesses beruhen. Hintergrund könnte beispielsweise eine unübersichtliche, kontrastarme Skala sein, wodurch das Überprüfungsmerkmal nicht vorschriftsmäßig kontrolliert werden kann. Diese auftretenden Wahrnehmungs- und Urteilsfehler haben zur Folge, dass womöglich einwandfreie Teile durch Mitarbeiter als Ausschuss angesehen werden.[181]

Diese Risiken müssen exzellent inspiziert werden, damit nutzenbringende Optimierungsmaßnahmen realisiert werden können.[182] In Abhängigkeit von der unternehmensspezifischen Risikoevaluation, kann in etwa folgende Maßnahmenmatrix konzipiert werden.

---

[179] Vgl. Werdich (2012), S. 52 ff.
[180] Vgl. Träger (2008), S. 32 ff.
[181] Vgl. Algedri / Frieling (2001), S. 20 ff.
[182] Vgl. Brückner (2011), S. 227.

A (Auftrittswahrscheinlichkeit)

		1	2	3	4	5	6	7	8	9	10
sehr hoch	10										
sehr hoch	9										
hoch	8										
hoch	7										
mäßig	6										
mäßig	5										
mäßig	4										
gering	3										
gering	2										
sehr gering	1										
	A/B	1	2	3	4	5	6	7	8	9	10
		sehr gering	gering	gering	mäßig	mäßig	mäßig	hoch	hoch	sehr hoch	sehr hoch

B (Bedeutung)

Handlungsbedarf, sofortige Maßnahmen erforderlich
kein zwingender Handlungsbedarf, geeignete Maßnahmen erforderlich
kein Handlungsbedarf

Abb. 15: FMEA-Risikomatrix.
Quelle: In Anlehnung an Brückner (2011), S. 227.

Das Human-FMEA adaptierte Formblatt vermerkt die Fehlerart, den Handlungs-fehler und die Fehlerursache, sowie den Handlungsbedarf anhand der HPZ:

LOGO	**Human-FMEA**		H-FMEA-Nr.:	
			Datum:	
			Verantwortl.:	
	Prozess:		Blatt-Nr.:	

Fehler	Handlungs-fehler	Fehler-ursache	B	A	E	HPZ	Maß-nahmen	Verant-wortung	Termin

Formblatt 6: Angepasstes Human-FMEA-Formblatt.
Quelle: In Anlehnung an Träger (2008), S. 33.

Die unterschiedlichen Fehlhandlungen werden je nach HPZ-Priorität in einem dafür vorgesehenen Team abgearbeitet. Präventive Maßnahmen, im Hinblick auf ablauf- und aufbauorganisatorischer Umgestaltung, finden hier Anwendung. Darüber hinaus sollen u. a. Visualisierungen von Produktfehlern, eine ergonomische Analyse des Arbeitsplatzes, Checklisten, sowie personelle Gestaltungsmaßnahmen wiederholende Fehlhandlungen vermeiden. [183]

Ein strukturiertes Formblatt, welches als Report bzw. Review fungieren soll, dokumentiert nun die Effektivität adäquater Prozessverbesserungsvorschläge.

Human-FMEA-Formblatt						H-FMEA-Nr.:	
						Seite ... von ...	
Typ/Modell/Fertigung/Chrage:		Änderungsstand:		Verantwortung:		Abteilung:	
				Firma:		Datum:	
Prozess-Nr./Prozesselement:		Änderungsstand:		Verantwortung:		Abteilung:	
Funktion/aufgabe:				Firma:		Datum:	

Fehler	Fehler-folge	Handlungs-fehler	Fehlerursache	Gestaltungsmaßnahmen			V/T
				Ergonomie	Organisation	Personal	Status
falsche Komponenten zusammen-gestellt	PF 1	Informations-fehler (VO)	Zuständigkeit für die Aktualisierung des Arbeitsplans nicht zugeordnet		Zuständigkeit für Aktualisierung klären / Zeitplan für Aktualisierung erstellen	Verantwortungs-bewusstsein der Mitarbeiter schulen	Müller 25.09.2014 erledigt
Abweichung der Schichtdicke	PF3	Erkennungs-fehler	ungünstige, kontrastarme Skaleneinteilung	andere Skaleneinteilung durch Anpassung von Messeinheit und Skala			Schmidt 01.10.2014 erledigt
VO = Vorbereitungsphase; V/T = Verantwortung/Termin							

Formblatt 7: Human-FMEA-Formblatt.
Quelle: In Anlehnung an Algedri / Frieling (2001), S. 65.

Aus dem Human-FMEA-Formblatt wird die Korrelation zwischen Handlungsfehlern (Fehlerart), Produktunzulänglichkeiten (Folgeerscheinung) und der Fehlgestaltung des Arbeitssystems (Fehlerquelle) ersichtlich.[184] Die Realisierung entsprechender Maßnahmen wird von einem zuständigen Mitarbeiter erfasst. Auf diese Art und Weise wird die Fehlermentalität der Beschäftigten sensibilisiert. Darüber hinaus kann der Mitarbeiter langfristig die Effektivität der eingeführten Maßnahmen verfolgen. Das gesamte Fehlerwissen einer Human-FMEA kann im Rahmen weiterer Fehleranalysen abgerufen werden. So ist z. B. mit Hilfe von EDV-gestützten Systemen ein Zugriff auf bereits bestehende Fehlerarten,

---

[183] Vgl. Träger (2008), S. 33.
[184] Vgl. Frieling et al. (2003), S. 9.

Fehlerfolgen und Fehlerursachen möglich, um nachhaltig Fehler zu vermeiden.[185]

4.2 Poka Yoke

Für viele Betriebe stellen ausgeklügelte Technologie und Expertise den einzigen Lösungsweg zur Beseitigung von Prozessfehlern dar. Leider wird diesbezüglich übersehen, dass es gar nicht hauptsächlich nur systematische Schwachstellen sind, sondern viel mehr menschliche Fehler, die nicht beherrschbar sind. Simple, kostengünstige Verbesserungsvorschläge sind in der heutigen betrieblichen Praxis zur Rarität geworden. Vielmehr werden immense technische Investitionen getätigt. An diesem Punkt setzt das von Shigeo Shingo entwickelte Konzept Poka Yoke an.[186] Dieser japanische Qualitätsindikator will einen Einstellungswandel, im Rahmen der Fehlermanagements, erreichen. Fehler sollen nicht mehr als normal und prozessgewöhnlich angesehen werden, sondern vielmehr durch Antizipation des menschlichen Fehlergeschehens reduziert werden.[187]

„(…) Poka Yoke (Poka = zufälliger oder dummer Fehler, Yoke = Vermeidung) ist eine japanische Methode zur Vermeidung zufälliger Fehler, die durch Mitarbeiter verursacht wurden."[188] Diese Methode soll eine Fehlerentlarvung von unbeabsichtigten Handlungsfehlern gewährleisten und findet vorzugsweise in der Fertigung Anwendung. [189] Während des Fertigungsprozesses sollen technische Hilfselemente die inkorrekte Zuführung eines Werkstückes, Fehlinterpretieren, das versehentliche Vertauschen von Teilen, oder das Überspringen eines Prozessschrittes, fehlersicher gestalten.[190]

Vorgehen von Poka Yoke

1. Untersuchung bereits geläufiger Fehler, sowie Identifikation fehlerempfänglicher Prozesse mittels Human- FMEA.

---

[185] Vgl. Algedri / Frieling (2001), S. 62 ff.
[186] Vgl. Hermann / Fritz (2011), S. 190.
[187] Vgl. Zollondz (2001), S. 702.
[188] Vgl. Herrmann / Fritz (2011), S. 189.
[189] Vgl. Kamiske / Brauer (2006), S. 113 ff.
[190] Vgl. Träger (2008), S. 33.

2. Handlungshinweise zur Fehlerprävention bei der Ausführung eines Arbeitsschrittes.[191]

- Formanschluss von USB- oder Telefonstecker
- Asymmetrische Form eines SCART-Steckers[192]
- Farbkennzeichnungen (rote und blaue Kabel)
- Führungsstifte zum Einlegen oder Einspannen von Werkstücken
- Checklisten im Sinne der Formblätter der Produktfehleranalyse
- Montagehilfe für Mitarbeiter: Positionierungsfehler tendieren durch eine Nut im Werkstück nahezu gegen null.[193]

3. Realisierung von Verbesserungsprozessen, unterstützt durch adäquate Maßnahmenpläne.

4. Mitarbeiterschulung im Hinblick auf Sensibilisierung des Fehlerverständnisses.[194]

Die Fehlerquellen-Inspektion (source inspection) erforscht fehlerempfängliche Umstände. Darüber hinaus leitet sie Verbesserungsmaßnahmen ein, damit keine Fehlerwiederholung auftritt.[195] Eine Kombination von Poka Yoke mit der Fehlerquellen-Inspektion ist ein besonders effizientes Verfahren zur Fehlerprävention.[196] In der Praxis besteht ein Poka Yoke System grundsätzlich aus zwei Subsystemen, nämlich dem **Auslösemechanismus** (Was ist der Fehler?) und dem **Regulierungsmechanismus** (Wie wird auf den Fehler reagiert?).[197]

Im Rahmen des Auslösemechanismus werden folgende Techniken zur Fehleridentifikation im Fertigungsprozess angewendet:

- **Kontaktmethode**: Unzulässige Abweichungen eines Werkstückes im Hinblick auf Größe, Umfang, Gewicht oder Gestalt werden anhand eines Sensors identifiziert. Ein programmierter Sensoralgorithmus kann die Unregelmäßigkeiten sowohl durch Kontakt als auch durch Berührungen erkennen. Das Einlegen eines Teiles in eine dafür vorgesehen asymmetri-

---

[191] Vgl. Hermann / Fritz (2011), S. 190.
[192] Vgl. Schmitt / Pfeifer (2010), S. 86.
[193] Vgl. Träger (2008), S. 31 ff.
[194] Vgl. Herrmann / Fritz (2010), S. 190.
[195] Vgl. Schmitt / Pfeifer (2010), S. 86.
[196] Vgl. Zollondz (2001), S. 702.
[197] Vgl. Kamiske / Brauer (2006), S. 114.

sche Vorrichtung bei der Fließbandfertigung ist ein Beispiel für die Kontaktwertmethode.[198]

- **Fixwertmethode**: Beim Ausführen von mehreren Teilprozessschritten kommen unterstützende Instrumente, wie beispielsweise mechanische Zähleinrichtungen, zum Einsatz. Die Vollständigkeit des Gesamtprozesses soll damit gewährleistet werden. Ein nach der Montage übrig gebliebenes Teil deutet auf einen Fehler hin.[199]

- **Schrittfolgenmethode**: Überprüfungsinstrumente sollen Fehlhandlungen im Rahmen der Standardbewegungsabfolge eines Arbeitsprozesses entlarven.[200] Prozessfremde oder zusätzliche Schritte sollen ausgeschlossen werden. Optische Signale, z. B. farbliches Kennzeichnen von Bauteilen, verhindern fehlerhafte Montagen.[201]

Die Identifikation von Prozessanomalien führt intervenierende Regulationsmechanismen herbei:

- **Eingriffsmethode** (Abschaltmethode): Schwerwiegende Prozessunregelmäßigkeiten führen umgehend zum automatischen Abschalten der maschinellen Anlage. Komplementäre Fertigungsprozesse wie z. B. Transportieren oder Spannen kommen ebenfalls zum sofortigen Stillstand, da Korrekturmaßnahmen ergriffen werden müssen, damit sich Fehler nicht wiederholen. Beispielsweise wurde vom Maschinenführer vergessen, die Maschine für ein neu anlaufendes Produkt umzurüsten. [202]

- **Alarmmethode**: Signalzeichen in Form von optischer und/oder akustischer Ausprägung weisen auf fehlerbehaftete Vorgänge hin. Liegt beispielsweise der Anteil der roten Farbe, beim Mischen der Farbe Rosa, außerhalb des Toleranzbereiches zwischen 250 – 270 ml, so erfolgt eine Fehlmeldung.[203]

Zusammenfassend setzt eine exzellente Poka Yoke-Lösung einfache, jedoch sehr wirkungsvolle Hilfsmittel zur Fehlerverhütung voraus. Das Lösungskonzept

---

[198] Vgl. Qualitätswesen (Hrsg.) (22.06.2009): Poka Yoke.
[199] Vgl. Kamiske / Brauer (2006), S. 115 ff.
[200] Vgl. Kamiske / Brauer (2006), S. 116.
[201] Vgl. Qualitätswesen (Hrsg.) (22.06.2009): Poka Yoke.
[202] Vgl. Kamiske / Brauer(2006), S. 116.
[203] Vgl. Ebel (2003), S. 256.

muss schnell realisierbar, Teil des Prozesses sein, sowie den Qualitätsstandard enorm anheben. Lediglich geringfügige technische Investitionen zur Prozessoptimierung sollen im Rahmen der Poka Yoke-Lösung getätigt werden.[204]

4.3 Fehlermanagement

Der Grundgedanke von lebhaften, dynamischen Systemen ist das Fehler ihrerseits Fehler initiieren, sozusagen eine Fehlerfortpflanzung. Probleme erzeugen gegenseitige Schuldzuweisungen und können innerbetriebliche Konflikte hervorrufen.[205] Um die Fehlerkompetenz der Mitarbeiter zu verbessern und ihre Fähigkeiten für die Fehleridentifikation zu schulen, wurde eigens das Fehlermanagement entworfen.[206] Die Parallelen zwischen Fehlermanagement und Qualitätsmanagement liegen auf der Hand. Das Qualitätsmanagement integriert Konzepte zur Fehlervermeidung in das betriebliche Tagesgeschäft.[207] „(…) Die Strategie psychologisch orientierten Fehlermanagements zielt darauf, dass neben der klassischen Fehlervermeidung nicht der Fehler selbst, sondern die negativen Konsequenzen von Fehlern vermieden werden müssen."[208]

Ausgangsbasis für das Fehlermanagement ist die Erkenntnis, dass keine Menschen und Systeme in der Lage sind, Fehler vollständig zu vermeiden. Fehlermanagement beinhaltet einen Veränderungsprozess, bei dem auch ein Umdenken aller Mitglieder eines Unternehmens stattfinden muss.

4.3.1 Fehlertoleranz

Ein signifikantes Werkzeug für entwicklungsfähige, unternehmerische Fehlerkultur bildet die Fehlertoleranz. Die Fehlertoleranz-Methodik fungiert als Bindeglied zwischen Fehlerauswirkung und Fehlerquelle. Handlungsfehler können sowohl Initiator (Auslöser), als auch Resultat sein. Kardinalsfehler sollen als Initialzündung für Innovationen sowie Lern- und Optimierungsprozesse gelten. Missgeschicke werden im Hinblick auf die Fehlerkultur entpersonifiziert, um somit keinen einzelnen Mitarbeiter verantwortlich für Fehlleistungen zu machen.

---

[204] Vgl. Kamiske / Brauer (2006), S. 116.
[205] Vgl. Algedri / Wege (2014), S. 17.
[206] Vgl. Frieling et al. (2003), S. 10.
[207] Vgl. Zollondz (2001), S. 235 ff.
[208] Zollondz (2001), S. 235 ff.

Darüber hinaus fungiert die Übernahme von Verantwortung für Problemlösung, durch die am Projekt beteiligten Akteure, als enorm förderndes Maß der Selbstständigkeit und Eigeninitiative.[209] Des Weiteren stellt sich heraus, dass eine aktive Personen-Prozess-Einbindung der verantwortlichen Mitarbeiter eine positive Resonanz in Bezug auf Informationswahrung darstellt. Durch die Integration identifiziert sich der Mensch mit dem Projekt und kann seine eigenen Ideen und Gedankengänge im Unternehmen selbstverwirklichen. Einfaches Hören oder Sehen bestimmter Arbeitsaufgaben sind weniger produktiv für die Gedächtniswahrung. Vielmehr sollte der menschliche Organismus über die zur Verfügung gestellten Informationen sprechen und sich mit anderen Mitarbeitern austauschen.[210]

Ist es sinnvoll toleranter gegenüber Defiziten zu sein um die Fehlerquote zu senken? Das Aufkeimen von Fehlern wird in manchen Unternehmen als Innovationsfähigkeit verstanden. Dieses Wettbewerbsverständnis beruht auf Forschungen und Experimenten, die Neuerungen und Fehler nach sich ziehen. Die dynamische Unternehmenswelt investiert in lukrative Forschungserkenntnisse und merzt negative Erkenntnisse aus. Der Betrieb befindet sich sozusagen in einem eigenen Fehler-Mutationsprozess. Die angesichts eines Fehlers aufklaffende Lücke zwischen Vision und Ist-Zustand wird im Rahmen der Fehlerkultur als Lernprozess angesehen.[211]

Fehlervermeidung versus Fehlertoleranz

Die Anhänger des Qualitätsmanagement setzen als Zielpriorität die Fehlervermeidung. Dem gegenüber plädieren die Lobbyisten des Innovationsmanagements vehement für Misserfolgstoleranz. Beide Unternehmensbereiche haben jedoch einen gemeinsamen Nenner: die Gewährleistung von Wettbewerbsfähigkeit und das betriebliche Wohlergehen. Problematisch ist jedoch, dass sich risikofreudiges Innovationsmanagement und rigides Qualitätsmanagement einander ausschließen.[212] „(...) Je ausgeprägter die Grundhaltung der Fehlervermeidung ist, desto geringer ist die Bereitschaft zum Aufnehmen von Ungewohntem und bislang Verworfenen, zum Umlernen und Anpassen an neue Si-

---

[209] Vgl. Algedri / Wege (2014), S. 15.
[210] Vgl. Masing / Bläsing (1999), S. 1115 ff.
[211] Vgl. Ebner et al. (2008), S. 178 ff.
[212] Vgl. Ebner et al. (2008), S. 180.

tuationen."[213] Der durch die globalisierte Wirtschaft ausgelöste Wettbewerbs-druck verlangt eine Beherrschung beider Fehlerstrategien.[214]

Unternehmen können im Wettbewerb nur bestehen, wenn sich die unternehme-rische Denkweise am Qualitäts- und Innovationsmanagement ausrichtet, d. h. Mechanismen wie Kreativität, Flexibilität und qualitative Normvorgaben werden als sich gegenseitig ergänzende Prozesse zu betrachtet.

4.3.2 Fehlermanagement ist Wissensmanagement

Wissensmanagement beinhaltet die Sammlung, Kombination und die Weiter-entwicklung der von den Beschäftigten, im Rahmen ihrer Berufslaufbahn, ange-eigneten fachlichen, methodischen und sozialen Kompetenzen.[215] Es „(...) han-delt sich in der Regel um solches Wissen, das zur Bearbeitung von formalen Arbeitsprozessen benötigt wird."[216]

Fehlermanagement ist per se Konflikt- und Wissensmanagement, da Prozesse optimiert werden und die Kompetenz von Mitarbeitern gesteigert werden kann. Gemäß menschenbezogener FMEA erweitern die Mitarbeiter ihren Fehlerhori-zont und steigern somit auch die Austauschbeziehungen untereinander und mit den Führungskräften. Handlungsfehler drücken im Jargon des Wissensma-nagement keineswegs humanitäres Versagen aus - im Gegenteil, sie fordern eine dringende Notwendigkeit der Verbesserung des Arbeitssystems. Menschli-che Fehler werden in dem Sinne anonymisiert, dass lediglich fehlerempfängli-che Umstände aufgedeckt werden sollen.[217] Doch ist diese Entpersonifizierung so vorteilhaft? Das Ansprechen von individuellen Fehlern ist zur Rarität gewor-den.

„(...) Wer seine Fehler nicht eingestehen kann, wird zu starr agieren und nicht beweglich genug sein, um mit der allgemeinen Entwicklung Schritt halten zu können. Wer Fehler anderer nicht akzeptieren kann, ist nicht team- und nicht führungstauglich. Wer nicht bereit ist, aus Fehlern zu lernen, wird abge-

---

[213] Weingardt (2004), S. 257.
[214] Vgl. Ebner et al. (2008), S. 181.
[215] Vgl. Jahnke (2006), S. 79.
[216] Jahnke (2006), S. 81.
[217] Vgl. Algedri / Wege (2013), S. 18.

hängt."[218] Modifiziertes Fehler-Know-how reicht weit über den profanen Umgang mit Fehlern hinaus. Innovatives Fehlermanagement hinterfragt und analysiert besonders die personeninvolvierende Prozesse, die von enorm hoher Fehlerfreiheit geprägt sind. Kein Mensch ist vollkommen und somit liegt Fehlerfreiheit nicht in der Natur des Menschen. Besonders auffällig kann eine umfangreiche, komplett fehlerfreie, Qualitäts- und Sichtprüfkontrolle von Teilen sein. Untätigkeit, das nicht Offenbaren von Informationen oder unzureichende Lernbereitschaft, dies können alles Indizien für eine mögliche Fehlerverschleierung sein.[219]

Der offene Umgang mit Fehlern und die daraus resultierenden kontinuierlichen und augenblicklichen Fehlerbearbeitungen tragen dazu bei, dass das Unternehmensziel nicht verfehlt wird. In komplexen und dynamischen Wirtschaftssystemen entwickelt sich die fallspezifische Anwendung der richtigen Fehlerstrategie zur Schlüsselkompetenz im Fehlermanagement.[220]

5 Schlussbetrachtung

Die Auffassungen des modernen Personalmanagements beruhen auf einer leistungswilligen und qualitätsbewussten Mitarbeitermentalität. Menschen unterlaufen jedoch beim Ausüben von Tätigkeiten Fehler, da manche Arbeitssystemstrukturen diverse Schwachstellen aufweisen. Ergonomische, organisatorische und/oder personelle Belastungen können Ursachen für defizitäre Prozessabläufe sein. „(…) Belastungen sind alle physikalischen Einwirkungen aus der Umgebung auf den Organismus. Eine zu hohe oder zu niedrige Anzahl zu bearbeitender Aufgaben, eine Last mit zu hohem Gewicht in Kilogramm, eine zu hohe oder zu niedrige Temperatur in Grad Celsius, eine schlechte Beleuchtung am Arbeitsplatz in Lux, der Schalldruck in Pascal oder die Schallintensität in Watt pro Quadratmeter sind Beispiele für Belastungen."[221] So benötigen z. B. Mitarbeiter in einem metallverarbeitenden Betrieb Ohrenschützer um auf Dauer ihre Hörfähigkeit nicht zu beinträchtigen. Das Überhören von wichtigen Prozesssignalen beeinträchtigt die Wahrnehmung eines Beschäftigten und könnte

---

[218] Weingardt (2004), S. 213.
[219] Vgl. Ebner et al. (2008), S. 183.
[220] Vgl. Ebner et al. (2008), S. 185.
[221] Kastner (2004), S. 222 ff.

Fehlerhandlungen zur Folge haben. Bei der Ausführung von Tätigkeiten wirken u.a. Bürden wie Zeitdruck, Stress- oder Leistungsdruck, welche psychologischen Einfluss auf die menschliche Leistungsfähigkeit haben.

Berufserfahrene Arbeitsnehmer wissen meist selbst, welche Fehler am Produkt durch das Prozessumfeld entstehen. Der Zusammenhang zwischen zufälligen Produktfehlern und menschlichen Handlungsfehlern ist offensichtlich. Eine Erweiterung der Instrumente zur Qualitätsmessung, findet sich in der Implementierung einer Human-FMEA. Die von Ekkehart Frieling entwickelte Methodik stellt das Verbindungsstück zwischen Fehlermanagement, Arbeitswissenschaft und Qualitätsmanagement dar.

Ziel der menschenbezogenen FMEA ist es die Fehleranfälligkeit des humanen Faktors zu senken. Diesbezüglich werden Rückkopplungseffekte von Prozessen, welche eine sofortige Reaktion bei Unstimmigkeiten ermöglichen, implementiert. Die Visualisierung von Produktfehlern ist beispielsweise eine geeignete Methode um die Differenzierungsfähigkeit von Arbeitnehmern zu fördern. Im Rahmen eines Qualitätsaudits werden solche Schwachstellen angesprochen und diskutiert.

Ein weiterer wichtiger Faktor zur Fehlerprävention ist die im Rahmen der Ergonomie angewandte Anthropometrie. Eine anthropometrische Ausrichtung des Arbeitsplatzes beugt körperliche und psychische Beeinträchtigungen vor. Die Physis des Menschen ist die Vorgabe für technisch-ergonomische Gestaltungen von Arbeitsplätzen, Fahrzeugen, Werkzeugen, oder Sicherheitsmaßnahmen. Theoretisch besteht der anthropometrisch perfekte Arbeitsplatz aus minimaler Belastung und maximalen Leistungsergebnis. Durch die anthropometrische Adaption des Arbeitssystems an menschliche Konstitutionen, werden Fehler reduziert bzw. beseitigt.[222]

Arbeitswissenschaftlichen Erkenntnissen aus der Work-Life-Balance kommen immer mehr Bedeutung im Rahmen des Fehlermanagements zu. Work-Life-Balance beinhaltet die zentralen Elemente: Gesundheit, Sicherheit und Lebensqualität.[223] Da Unternehmen ein Höchstmaß an physischer und mentaler Fitness eines Arbeitnehmers voraussetzen, ist ein guter Ausgleich zwischen

---

[222] Haufe.de/Arbeitsschutz (Hrsg.) (o.J.): Anthropometrie.
[223] Vgl. Kastner (2004), S. 5.

Arbeit -und Erholungszeit unabdingbar. Eine ausgewogene Work-Life-Balance befähigt den Mitarbeiter qualitative Höchstleistungen zu erbringen, denn konzentrierte und motivierte Menschen begehen weniger Fehler. Unternehmen bieten sportliche Aktivitäten an, damit sich Mitarbeiter bewegen und ihre Gesundheit fördern. Eine sinkende Krankenquote ist die Folge.

Exemplarisch wurde in dieser Bachelorarbeit die Verbindung zwischen Produktfehlern, handlungsfehlerauslösenden Arbeitsbedingungen, sowie Maßnahmen zur Fehlerprävention analysiert. In dynamischen Systemen erzeugen Fehler ihrerseits Fehler, d. h. es besteht eine Fehlerfortpflanzung. So können vorhergehende Handlungsfehler weitere Handlungsfehler initiieren. Die präventiven Qualitätsinstrumente tragen einen enormen Teil zur Verbesserung der Fehlerkompetenzen von Arbeitnehmern bei. Schwachstellen werden nicht mehr unterdrückt, verschleiert, oder als prozessherkömmlich angesehen. Alle Abteilungen eines Unternehmens sollten am Fehlerverhütungsprozess partizipieren. Aufgedeckte Fehler müssen von der verantwortlichen Abteilung umgehend gemeldet werden.[224] Dies setzt bedingungslose Kommunikation zwischen Mitarbeitern und Vorgesetzten, Aktualität, Klarheit, Kontinuität und Vollständigkeit der Fehlerinformationen voraus. Das erlernte Fehlerverständnis äußert sich in Form von systematischen Vorgehensweisen. Beschäftigte kreieren vernetzte Argumentationsketten und differenzieren zwischen Symptomen und kritischen Prozesssituationen.[225] Prinzipiell sollten schon in der Entwicklungs- und Konzeptionierungsphase die Fach- und Prozesskompetenzen von Mitarbeitern involviert werden. Enge Prozesseinbindung sensibilisiert das Fehler-Ursachen-Verständnis der Mitarbeiter. Die Human-FMEA befähigt Arbeitnehmer, eigenständige Prozessanalysen durchzuführen, als auch geeignete Verbesserungsvorschläge zu entwerfen.[226] Diese Arbeitstätigkeiten geben die Möglichkeit der Selbstständigkeit, Verantwortung und Wissenserweiterung durch neue Projekte. Zusätzlich zu den soeben genannten Aspekten determinieren u.a. folgen Elemente die Motivierungspotenziale der Arbeit: Erfolgsbeteiligungen, Prämien- und Aufstiegschancen oder Projektbetreuung.

---

[224] Wagner / Käfer (2010), S. 234 ff.
[225] Vgl. Algedri / Wege (2014), S. 19.
[226] Vgl. Schäfer et al. (2007), S. 256.

Zusammenfassend fungiert die Human-FMEA als konstruktiver und innovativer Methodenansatz zur Eliminierung von menschenbezogenen Handlungsfehlern. Die Einführung der Human-FMEA steigert die Fehler- und Konfliktkompetenz der gesamten Belegschaft einer Organisation. Das Verhalten bei fehlerbehafteten Prozessen verbessert sich in dem Maße, dass rechtzeitig interveniert wird und Fehler schnell kommuniziert werden. Effiziente und lernförderliche Organisationsstrukturen müssen mitarbeiterorientiert gestaltet werden um humane Fehler nachhaltig zu reduzieren.

Quellenverzeichnis

Um das Quellenverzeichnis übersichtlicher darzustellen, erfolgt eine Unterteilung der Verwendeten Quellen in: Bücher, Zeitschriften und Internetquellen.

<u>Bücher</u>

Algedri, Jamal / Frieling, Ekkehart (2001): Human-FMEA. Menschliche Handlungsfehler erkennen und vermeiden. München [u.a.]: Hanser Verlag.

Badke-Schaub, Petra / Hofinger, Gesine / Lauche, Kristina (2012): Human Factors. Psychologie sicheren Handelns in Risikobranchen. Dordrecht: Springer Verlag.

Becker, Manfred (2009): Personalentwicklung. Bildung, Förderung und Organisationsentwicklung in Theorie und Praxis. 5. Auflage, Stuttgart: Schäffer-Poeschel Verlag.

Becker-Carus, Christian / Dorsch, Friedrich / Häcker, Hartmut O. (2004): Dorsch Psychologisches Wörterbuch. 14. Auflage, Bern [u.a.]: Huber Verlag.

Bogaschewsky, Ronald / Rollberg, Roland (1998): Prozessorientiertes Management. Berlin: Springer Verlag.

Brückner, Claudia (2011): Qualitätsmanagement - Das Praxishandbuch für die Automobilindustrie. München [u.a.]: Hanser Verlag.

Demann, Stefanie (2013): 30 Minuten Fehlerintelligenz. Offenbach: GABAL Verlag.

Dittmann, Lars Uwe (2007): OntoFMEA. Ontologiebasierte Fehlermöglichkeits- und Einflussanalyse. Wiesbaden: Deutscher Universitäts-Verlag | GWV Fachverlage GmbH Wiesbaden.

Dörner, Dietrich (2008): Die Logik des Misslingens. Strategisches Denken in komplexen Situationen. 7. Auflage, Reinbek bei Hamburg: Rowohlt-Taschenbuch Verlag.

Drosdowski, Günther (1997): Duden "Etymologie", Herkunftswörterbuch der deutschen Sprachen. 2. Auflage, Mannheim: Dudenverlag.

Ebel, Bernd (2003): Qualitätsmanagement. Konzepte des Qualitätsmanagements. 2. Auflage, Herne: Verlag Neue Wirtschafts-Briefe.

Ebner, Gabriele / Heimerl, Peter / Schüttelkopf, Elke M. (2008): Fehler - Lernen - Unternehmen. Wie Sie die Fehlerkultur und Lernreife Ihrer Organisation wahrnehmen und gestalten. Frankfurt a.M., Bern [etc.]: P. Lang Verlag.

Flato, Ehrhard / Reinbold-Scheible, Silke (2008): Zukunftsweisendes Personalmanagement. Herausforderung demografischen Wandels. München: Verlag Moderne Industrie.

Forrester, Jay W. (1972): Grundzüge einer Systemtheorie. Ein Lehrbuch. Wiesbaden: Gabler Verlag.

Frieling, Ekkehart / Kauffeld, Simone / Grote, Sven / Bernard, Heike (2000): Flexibilität und Kompetenz. Schaffen flexible Unternehmen kompetente und flexible Mitarbeiter? Münster: Waxmann Verlag (Band 12).

Gressler, Uli / Göppel, Rainer (2010): Qualitätsmanagement. Eine Einführung. Troisdorf: Bildungsverlag EINS.

Hacker, Winfried (2005): Allgemeine Arbeitspsychologie. Psychische Regulation von Wissens-, Denk- und körperlicher Arbeit. 2. Auflage, Bern: Huber Verlag (Band. 58).

Herrmann, Joachim / Fritz, Holger (2011): Qualitätsmanagement. Lehrbuch für Studium und Praxis. München [u.a.]: Hanser Verlag.

Jahnke, Isa (2006): Dynamik sozialer Rollen beim Wissensmanagement. Soziotechnische Anforderungen an Communities und Organisationen. 1. Auflage, Wiesbaden: Deutscher Universitätsverlag.

Jung, Hans (2011): Personalwirtschaft. 9. Auflage, München: Oldenbourg Verlag.

Kamiske, Gerd F. / Brauer, Jörg-Peter (2006): Qualitätsmanagement von A bis Z. Erläuterungen moderner Begriffe des Qualitätsmanagements. 5. Auflage, München [u.a.]: Hanser Verlag.

Kastner, Michael (2004): Die Zukunft der Work Life Balance. Wie lassen sich Beruf und Familie, Arbeit und Freizeit miteinander vereinbaren? Kröning: Asanger Verlag.

Kleinbeck, Uwe / Kleinbeck, Trudi (2009): Arbeitsmotivation. Konzepte und Fördermaßnahmen. Lengerich: Pabst Science Publishers Verlag.

Masing, Walter / Bläsing, Jürgen P. (1999): Handbuch Qualitätsmanagement. 4. Auflage, München [u.a.]: Hanser Verlag.

Nicolai, Christiana (2009): Personalmanagement. 2. Auflage, Stuttgart: Lucius und Lucius Verlag.

Pfeifer, Tilo (2001): Qualitätsmanagement. Strategien, Methoden, Techniken. 3. Auflage, München [u.a.]: Hanser Verlag.

Richter, Peter G. / Rau, Renate / Mühlpfordt, Susann (2007): Arbeit und Gesundheit. Zum aktuellen Stand in einem Forschungs- und Praxisfeld. Lengerich: Pabst Science Publishers Verlag.

Schäfer, Ellen / Buch, Markus / Pahls, Ingrid / Pfitzmann, Jürgen (2007): Arbeitsleben! Arbeitsanalyse - Arbeitsgestaltung - Kompetenzentwicklung. Kassel: Kassel University Press Verlag (Bd. 6).

Schmitt, Robert / Pfeifer, Tilo (2010): Qualitätsmanagement. Strategien, Methoden, Techniken. 4. Auflage, München [u.a.]: Hanser Verlag.

Theis, Hans-Joachim (2007): Handbuch Handelsmarketing. 2. Auflage, Frankfurt am Main: Deutscher Fachverlag (Band 1).

Wagner, Karl Werner / Käfer, Roman (2010): PQM - Prozessorientiertes Qualitätsmanagement. Leitfaden zur Umsetzung der neuen ISO 9001. München: Hanser Verlag.

Weingardt, Martin (2004): Fehler zeichnen uns aus. Transdisziplinäre Grundlagen zur Theorie und Produktivität des Fehlers in Schule und Arbeitswelt. Bad Heilbrunn: Klinkhardt Verlag.

Werdich, Martin (2012): FMEA - Einführung und Moderation. Durch systematische Entwicklung zur übersichtlichen Risikominimierung. 2. Auflage, Wiesbaden: Springer Verlag.

Zollondz, Hans-Dieter (2001): Lexikon Qualitätsmanagement. Handbuch des modernen Managements auf der Basis des Qualitätsmanagements. München [u.a.]: Oldenbourg Verlag.

Zeitschriften

Algedri, Jamal / Wege, Hans Werner (2014): Weniger Fehler durch höhere Toleranz? In: Qualität und Zuverlässigkeit (59. Jg.), Ausgabe 06/2014, S. 15-16.

Algedri, Jamal; Wege, Hans Werner (2013): Fehler im System. In: Qualität und Zuverlässigkeit (58. Jg.), Ausgabe 04/2013, S. 17-20.

Frieling, Ekkehart / Schäfer, Ellen / Störmer, Sascha / Fölsch, Thomas (2003): Innovatives Fehlermanagement – Human-FMEA. In Management und Qualität (33. Jg.), Rubrik: Business Excellence, Ausgabe 05/2003, S. 8-10.

Träger, Thomas (2008): Human–FMEA - Fehlerquelle Mensch. In: Management und Qualität (38. Jg.), Ausgabe 09/2008, S. 31-33.

Internetquellen

Gabler Wirtschaftslexikon (Hrsg.) (o.J.): Nachhaltiges Personalmanagement.
Online im Internet:
URL: *http://wirtschaftslexikon.gabler.de/Definition/nachhaltiges-personalmanagement.html* [17.09.14]

Gabler Wirtschaftslexikon (Hrsg.) (o.J.): Handlungsregulation.
Online im Internet:
URL: *http://wirtschaftslexikon.gabler.de/Definition/handlungsregulation.html*
[02.09.14]

Haufe.de/ Arbeitsschutz (Hrsg.) (o.J.): Anthropometrie: Der Mensch als Maß der Dinge.
Online im Internet:
URL: *http://www.haufe.de/arbeitsschutz/arbeitsschutz-office/anthropometrie-der-mensch-als-mass-der-dinge_idesk_PI957_HI650738.html* [05.10.14]

Ingenieurpsychologie (Hrsg.) (o.J.): Skill-Rules-Knowledge-Modell nach Rasmussen, 1983.
Online im Internet:
URL: *http://macs2.psychologie.hu-berlin.de/aio/index.php/mensch-in-aktion/handlungsregulation/57-wie-kann-man-menschliche-fehler-erklaeren*
[10.09.14]

Ingenieurpsychologie (Hrsg.) (o.J.): Handlungsregulationstheorie. Nach Winfried Hacker, 1973.
Online im Internet:
URL: *http://macs2.psychologie.hu-berlin.de/aio/index.php/grundlagen/handlungsregulation/theorien/181-handlungsregulationstheorie* [03.09.14]

Ingenieurpsychologie (Hrsg.) (o.J.): TOTE-Modell. Nach Miller, Galanter und Pribram, 1960.
Online im Internet:
URL: *http://macs2.psychologie.hu-berlin.de/aio/index.php/grundlagen/handlungsregulation/theorien/183-tote*
[03.09.14]

Psychologie48.com. Das Psychologie-Lexikon (Hrsg.) (2010): – Handlungs-regulation.
Online im Internet:
URL:
http://www.psychology48.com/deu/d/handlungsregulation/handlungsregulation.htm [10.09.14]

Qualitätsmanager Aktuell Online (Hrsg.) (06/2009): Der menschliche Faktor: Mit der Human-FMEA optimieren Sie ihre Fehlerbekämpfung.
Online im Internet:
URL: *http://www.qm-aktuell.com/newsletterarticle.asp?his=2833.2233.6678&id=11630* [29.08.14]

Qualitätswesen (Hrsg.) (22.06.2009): Poka Yoke.
Online im Internet:
URL:
http://www.qualitätswesen.de/include.php?path=forumsthread&threadid=77
[07.10.14]

Quality Engineering (Hrsg.) (01.09.2000): Fehlervermeidung mit System: Human-FMEA.
Online im Internet:
URL: *http://www.qe-online.de/home/-/journal_content/56/12275/581305*
[09.09.14]

Stangl, Werner (Hrsg.) (2010): Konzentration. Lexikon für Psychologie und Pädagogik
Online im Internet:
URL: *http://lexikon.stangl.eu/541/konzentration/* [20.09.14]

Svend Hoyer GmbH (Hrsg.) (13.12.2013): Qualitätskontrolle in der Praxis
Online im Internet:
URL:
*http://www.google.de/imgres?imgurl=http%3A%2F%2Fwww.hoyermotors.de%2
Fimages%2Fnyheder%2F5_Q.jpg&imgrefurl=http%3A%2F%2Fwww.hoyermoto
rs.de%2F%3Fid%3D39401%26indl_id%3D31692&h=225&w=300&tbnid=R6Ye
qqxlstlGnM%3A&zoom=1&docid=-_OAvhTh5OeKSM&ei=OKkpVK-
nCMTP7gaGz4HQAw&tbm=isch&iact=rc&uact=3&dur=647&page=11&start=22
7&ndsp=23&ved=0CGYQrQMwIDjIAQ* [08.10.14]

Tuned Instruments (Hrsg.) (2013): Mitarbeiterzufriedenheit messen – Unternehmenserfolg steigern.
Online im Internet:
http://www.tuned-instruments.de/mab [17.09.14]

Wiley Information Services GmbH (Hrsg.) (o.J.): Fehler und Abweichungen.
Online im Internet:
URL:
*http://www.chemgapedia.de/vsengine/vlu/vsc/de/ch/13/vlu/daten/statistik/fehler.
vlu/Page/vsc/de/ch/13/anc/daten/statistik/fehler/fehlertypen.vscml.html*
[08.10.14]

Wirtschaftslexikon24.com (Hrsg.) (2014): Qualität.
Online im Internet:
URL: *http://www.wirtschaftslexikon24.com/d/qualitaet/qualitaet.htm* [02.09.14]

Zeit Online GmbH (Hrsg.) (09.04.2014): Rückruf. Toyota muss Millionen Autos zurückrufen.
Online Im Internet:
URL: *http://www.zeit.de/mobilitaet/2014-04/toyota-rueckruf-yaris* [10.10.14]